ジオとグラフィーの旅 ④

衣食住の旅

外山 秀一 著

古今書院

は じ め に

「ジオとグラフィーの旅シリーズ」では，ジオとグラフィーという二十歳の男女を設定して，二人の会話形式で話を進めてゆく。このシリーズを通して，ジオとグラフィーに，地球の自然環境や自然と人とのかかわり，そしてそこに住む人びとの生活，日本や世界の状況，さらには地球や地域がかかえる問題などについて語ってもらう。

具体的には，1「環境と人の旅」，2「自然の旅」，3「人の旅」，4「衣食住の旅」，5「東アジアとヨーロッパの旅」，そして6「地域情報の旅」という内容で，本書は「衣食住の旅」にあたる。このうち，1と2，6はジオを中心に，3と4，5はグラフィーを中心に話が展開される。二人の目という限られた視点ではあるが，少しでも多くの読者の皆様に，上記の諸点を理解していただきたいと願う次第である。

geography（ジオグラフィー）は，ジオ（土地）をグラフィック（記述する）ことから始まった。地理学というこの学問分野は，土地を媒介として，そこに生活する人とその環境，人そのもの，さらには人の育む文化などに焦点をあてて，研究が進められてきた。このシリーズでは，ジオとグラフィーの世界をいっしょに旅していただき，その思い出を読者の皆様の心に描いていただけたらと思う。

このシリーズは，高校生以上の方を対象に，なるべくわかりやすい内容にして，理解を深めていただくことをめざしている。そのためには，従来のような章立てだけではなく，◆で示したようにサブテーマを設けて，読者の皆様が興味を持っていただくように工夫した。

本書の「衣食住の旅」では，大きく四つの内容を設定した。すなわち，第Ⅰ部の衣食住，第Ⅱ部の衣服，第Ⅲ部の食文化，第Ⅳ部の住居である。本シリーズの総合テーマは，「自然環境と人間とのかかわり」であるが，ここでは自然的基礎を重視しながら，人間そのものに焦点をあててみたい。そして，「人びとの生活と風土」をテーマに，世界各地域の自然環境の違いとそこでの人びとの衣食住のあり方，衣食住を通した自他の生活の違いについて，その背景を踏まえながら考えてみたい。

目　次

第Ⅳ部　住　　居

第Ⅰ部　生活のなかの衣食住

1. 衣食住とは

グラ：ここでは，人間の生活の基本要素の衣食住を取り上げたいと思うの。

ジオ：われわれの日々の生活を形づくって，それを支えているのは衣食住だね。

グラ：そうね。衣食住の相互関係で成立する人びとの営みが生活ね。衣食住というのは，生活の形態をはかる指標で，文化を構成するもっとも基本的かつ人間の生活にとっては極めて重要な要素なの。私たちの生活は，近代化による経済発展とともに，大きく変化してきたよね。

ジオ：なかでも，衣食住の変化はもっとも顕著なものだよね。

グラ：私たちが日本や世界各地を訪れる時に，まず目にするのはそこでの衣食住に代表される人びとの生活や文化だよね。そして，そこでの気候環境などの風土の違いが，各地域の人びとの生活や文化の違いとなっているわね。その一方では，ある特定の地域にみられる共通性を認識することにもなるのよ。

ジオ：つまり，自然環境と人びとの生活や文化との密接な関係をそこに見出すことができるんだ。

グラ：人類が誕生して以来，人びとは自然環境に適応して，一方では環境の変化に対応して，人びとの生活は存在し，そして成立してきたわね。
各地の遺跡の発掘調査や遺物の各種分析によって，過去の衣食住のあり方が徐々に解明されてきたよね。そして，私たちはその他の動物や植物などの自然物の恩恵を受けてきたことが明らかになっているわね。

ジオ：人びとの日常生活の大半は，食べるために，着るために，住むために営まれてきたよね。

グラ：そうね。こうして，長い時間をかけた家族単位さらには村単位の自給生活から，交換経済，さらに今では生産と消費経済に発展しているわね。その一方では，従来の家族内や集落内での自給の共同生活や共同体は少しずつ崩れてきているのよ。
そこで，ここでは衣食住と自然環境との関係，衣食住と民族や宗教との関係，そしてその背景についてみてゆくことにするね。また，衣食住の特質と時代や地域による違いを追うことで，風土と衣食住のあり方を考えてみたいと思うの。

2．衣食住のあり方

◆「衣食足りて礼節を知る」

グラ：人びとの衣食住のあり方は，自然的な条件だけでなくて，民族や宗教，歴史などの社会的な条件によっても違うよね。

ジオ：こうした自然的・社会的な条件が，各地の独特の生活や文化を形成しているんだね。

グラ：だから，衣食住にかかわることわざや考え，表現としてさまざまなものがあるのよ。

ジオ：たとえば？

グラ：中国のことわざに「衣食足りて礼節を知る」とあるよね。つまり，生活が安定して初めて道徳心が生まれるということなの。
また，贅沢の表現として「暖衣飽食」という言葉があるの。おなか一杯食べること，苦労のない生活をすること，これが人間をだめにするといってるのよ。

ジオ：どこかの国を象徴しているかのようだね。

グラ：この衣食住を日本人的な発想からいうと，ないと恥ずかしい順番なの。

ジオ：えっ？

グラ：身体に身につけるものがないと恥ずかしい，食べる物がないと恥ずかしい，住む家がないと恥ずかしい。

ジオ：……。

グラ：ところが，極寒の地域では，この衣食住はないと死んでしまう順番になるのよ。極地域では，まず衣類がないと凍死してしまう。食料がないとだめ。住む家がないとだめ。

ジオ：なるほど。

グラ：食は摂取することによって人間を内面から形成してゆくのに対して，衣は人間を直接覆って皮膚や身体を守ったり着飾ることによって，自己を表現したりアピールしたりするよね。また，住は人間とその生活をさらに外側から空間のなかで守るシェルターでもあるのね。

ジオ：防御という面もあるんだ。

グラ：ファッションや流行を敏感に反映するのは衣服だけど，食事にも嗜好性とともに流行があって，さらに住居でも各地域や時代において建築様式の流行がみられるのよ。

第Ⅱ部　衣　　服

1. 衣服の特色と歴史

グラ：次に，衣服の特色とその歴史についてみてゆくね。衣服というのは，人びとの風俗や習慣を象徴するものなのね。また，衣服はそれを着る人の性別や年齢，身分や階級，職業としての機能が重視されたり，国や地域，社会における役割など，多くの情報が象徴されているの。

ジオ：外国に行った時にまず目につくのは，人びとの服装だよね。

グラ：そうね。世界各地の伝統的な服装をみると，その風土にいかに適合したものであるかがわかるし，服装と風土とが密接にかかわっていることに気づくよね。
そして，こうした伝統的な服装文化に，外来の文化が接触することによって，服装の組み合せが生じるの。またそこに，利便性とか格好よさといった多くの人びとに模倣される特性，つまり嗜好が生まれて，各地域の服装が定着してゆくのね。

ジオ：人類はいつから衣服をまとったんだろう。

グラ：確かなことはわからないけど，旧石器時代の人びとの復元図には，動物の毛皮を身につけている姿が描かれているわね。考古遺物のなかでも，動物性や植物性の繊維の分析によって，衣類の種類と加工技術が明らかになって，糸を紡ぐという文化が発達しているのよ。

ジオ：例えば？

グラ：衣服の最も基本的な形式には，巻き衣型（ドレーパリー）や貫頭衣型（チュニック）などがあって，身体を覆うだけの布だったの。古代エジプトでは，男性はシェンティとよばれる一枚の布を腰に巻きつけたシンプルなものを，女性はシードレスとよばれる筒型のワンピースを身につけていたとされるの。また古代ギリシアでは，キトンとよばれる亜麻製の一枚布を着つけていたし，古代ローマでは，ウール製のチュニックという下着の上にトーガという一枚布を巻きつけていたのよ。
その後，5・6世紀のヨーロッパでは，男性社会にズボンが導入されて，女性のスカートとの区別がされていったのね。
これに対して，和服の起源は，『魏志倭人伝』に記されているように貫頭衣（かんとうい）（写真Ⅱ-1）にあって，これ

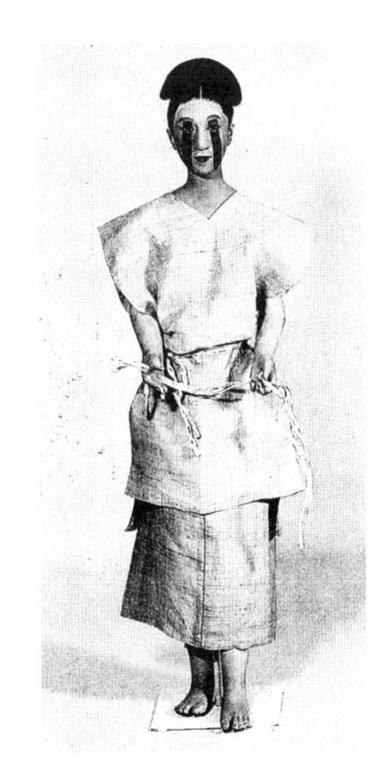

写真Ⅱ-1　貫頭衣
（井筒 1982）

は和服の裾を膝丈で断ち切って袖を取り去ったような衣服で，しかも男女共用で日本人の衣服の原型とされているの。

また，古墳時代の人物埴輪にみられるように，古墳の被葬者である首長とその周辺の階層にはズボンが，農民層にはスカートが着用されていたと考えられるの。

ジオ：日本には性差のない衣服の文化があったんだね。

グラ：律令制下になると，朝廷に務める官人層の朝服として，男性はズボン，女性はスカートが制服として導入されたの。でも，一般庶民は依然として貫頭衣の系統の衣服をまとっていたようよ。また，『古事記』や『日本書紀』，『風土記』などによると，膝までの長さの衣服が一般的だったの。

ジオ：古代の基本的な服装は貫頭衣だったんだ。

グラ：平安時代になると，宮中では十二単（ひとえ）の一部分としてのズボン型の緋袴（ひのはかま）が着用されるようになって，それ以降女性のズボンは戦時中のもんぺの着用までなくて，その後の洋服の普及によって女性のズボンの大衆化となっていったのよ。

また，衣服は従来手作りのオリジナルなものが多かったけど，身分制度が崩壊したり，人口の増加や衣服の洋装化によって，衣服を安価に大量につくってコストを下げる必要が生じていったの。そして，衣服の既製化と大衆化がみられて，今日のように同じ色やサイズ，デザインのものが大量に生産されるようになるのね。

2. 衣服の材料と衣服着用の目的

グラ：次に衣服の材料についてみてみるね。まず天然繊維だけど，これには毛皮や羊毛などの動物性のものと，植物繊維，樹皮，木綿などの植物性のものとがあるの。人類は旧石器時代以来，こうした天然繊維を糸にして織り上げて，そして染色する技術を開発してきたのね。

また，こうした天然繊維に対して，化学繊維あるいは人造繊維の開発が進められてきたのよ。化学繊維には，再生繊維としてのレーヨンと合成繊維としてのナイロン，半合成繊維としてのアセテートがあるの。

グラ：次に各地の衣服の材料だけど，ここでは『世界地理』（学習研究社）を参考にみてみるね。これは中国での手づみによる綿花の収穫の様子だけど（写真Ⅱ -2），アメリカ南部のコットンベルトでは大規模な機械による収穫がおこなわれているわね。

ジオ：綿花の実がはじけると，中から柔らかい綿毛が出るよね。

グラ：これを紡いで糸に加工するけど，綿布は丈夫で暖かく肌ざわりがいい繊維として，世界の繊維需要量の 4 分の 1（2014 年）を占めているのよ。

中国では，クワを栽培して蚕（かいこ）を飼って繭（まゆ）を生産する養蚕が盛んなの（写真Ⅱ -3）。

写真Ⅱ-2　華北平原の綿花栽培
（澁沢・佐野監 1983）

写真Ⅱ-3　中国の養蚕
（澁沢・佐野監 1983）

写真Ⅱ-4　中国の麻の収穫
（澁沢・佐野監 1983）

写真Ⅱ-5　羊毛の刈り取り
（澁沢・佐野監 1983）

「まぶし」という藁（わら）の寝床で繭がつくられるけど，この繭を集めて，煮て生糸を巻き込んで美しい光沢の絹織物（シルク）を生産するの。

ジオ：養蚕の起源は中国の殷の時代とされていたよね。

グラ：中国の浙江省の遺跡で，約5000年前の平絹の織物が出土していて，さらに遡る可能性もでてきたのよ。日本では，『魏志倭人伝』に糸を紡いで絹織物をつくっていたことが記されていて，3世紀頃と考えられるの。

中国では，アサの緑の表皮をはがして白い部分を繊維として利用するの（写真Ⅱ-4)。アサの織物は通気性がよくて，涼しい着心地のため，麻製のバッグや上着，靴下などに利用されているわね。アサの仲間で，ジュートやマニラ麻，サイザル麻は，袋やロープなどに利用されているね。

オーストラリアでは，羊毛を刈り取る際に，メリノ種という品種の羊毛を毎年1回，夏の初めにクリッパーという電気バリカンをつかって，1頭につき約3分で刈り取るの（写真Ⅱ-5)。ヒツジは4歳位まで毛刈りされるけど，1頭のヒツジからスーツ1着がつくれるのよ。肉のマトンやラムは食用に，皮は敷物に，血や内臓はソーセージやハムに利用されるの。

ジオ：グラフィー，人は何のために衣服を身につけるんだろう？

グラ：それじゃ次に，衣服着用の目的についてみてみるね。一つには，保温，防寒，防暑のためね。乾燥地域では，日較差といってその日の最高気温と最低気温の差が大きいので，身体を守るために服を着るの。

ジオ：これは，古い時代からの衣服の重要な役割だね。

グラ：衣服の機能的な働きとしては，体温の調整装置であり，皮膚の保護膜であり，さらには身体運動のサポーターでもあるの。例外としては，ステージ衣装などがあるけどね。

つまり，衣服というのは，変化の激しい自然環境から身を守ったり，強い日射しをさけたり，冷気から身体を守ったり，熱い地表から身体を保護するためにあるのね。そして，冷暖房のきいた部屋で服を着て体温を調整したりするよね。

ジオ：衣服着用の目的はさまざまなんだ。

グラ：また，乾燥地域のように気温が体温より高いところでは，逆に毛布にくるまるのよ。

ジオ：どうして？

グラ：一見矛盾しているように思えるでしょ。でも，これは体内の水分の蒸発を防ぐためで，衣服でくるまった方が外気に較べて涼しいの。

ジオ，中・南米にポンチョという毛織物製の上着があるの知ってる？

ジオ：うん。アニメの「母をたずねて三千里」でマルコがアルゼンチンで着ていたよね。

グラ：内陸部では，日較差が大きいためにポンチョを頭からすっぽりかぶって，外気や雨から身を守るの。このポンチョが，今ではコートやレインコートに発展して着用されているのよ。

ジオ：へぇ～。

グラ：衣服の目的の二つ目には防御があって，これはさらに三つに分けられるの。まず，自然のなかでの防御，これは羞恥心よりも子孫を残すために生殖器官を守るものなのよ。

ジオ：……。

グラ：次に，戦いのための武具や防具ね。また一方では，宗教的な風習のために肌を隠すことがあるのよ。アフガニスタンなどの女性のチャドリ（写真Ⅱ -6）という衣装

写真Ⅱ -6　チャドリ（澁沢・佐野監 1983）

などがそうね。

イスラム教では，女性の身体は手首から先と顔以外はアウラ「恥部」とされるために，女性は家族以外の男性に顔や姿を見せないことを習慣としているの。なお，このチャドリは，砂漠地帯の強い日ざしや高い気温，砂やほこりを防ぐことができて，自然環境に適応した服装でもあるのよ。

グラ：衣服の目的の三つ目としては装飾で，らしく装ったり，美しく飾って，異性を魅了するの。

ジオ：つまりファッションだね。

グラ：これは，むしろ隠すことの裏返しで，露出したり，一部を強調して自己をアピールするものなの。またこれは，保温や防御から二次的に派生したもので，今では各地域の文化の特徴を強く示しているものなの。

また，ファッションは皮膚の延長だとよくいわれるし，衣服は第2の皮膚ともいわれるのよ。

ジオ：グラフィー，人はなぜ身を飾るの？

グラ：その一例を，「ひとはなぜ服を着るのか」のなかの一文で紹介するね。

「わたしたちは髪を梳(くしけず)り，ウェーブをつけ，ときにはそれを複雑に編んだり，わざと濡らせたりします。髭(ひげ)を剃ります。眉を剃ったうえで描きなおします。眼のまわりには濃い線を引き，頬を白く塗り，さらに唇を赤く塗ります。歯の並びを『矯正』することもあります。耳に穴を開け，そこにリングを通します。首に鎖を巻きます。指先の爪にエナメルを塗り，腕には指輪やブレスレットをはめ，そして脇の下の毛を抜きます。肩から膝まで，あるいは踝(くるぶし)まで，布で何重にも覆います。そのかたちもかなり複雑です。脱毛した両足を透明の布でくるみ，いまだったら足先の爪にシールを貼ったりします。足の形を無視したようなフォルムの固い皮の靴に，むりやり足をこじ入れます。ひとによっては皮膚を彫り，あざやかに彩色したりもします……。まあ，よくもこれだけ考えつくものだとため息が出るほどに，その技法は多彩です。」（鷲田 1998）。

ジオ：つまり，自己アピールの象徴，これがファッションなんだ。

グラ：ところで，私たちのような二十歳前後というのは，ファッションセンスにたけているといわれるよね。

ジオ：確かに，周りをみてもセンスのいい人が多いね。

グラ：豊かな感性でもって，うまく着こなしているわね。

ジオ：でも，僕のように流行のしっぽにしがみついている人もいるよ。新しいものが流行ると，最初は「あれ何？」と思うけど，その内に次第に見慣れてくる。「それじゃあ，着てみようか」といって購入すると，もう流行遅れに。いつもこんな調子で，流行にのりきれない人っているよね。

グラ：ジオ，私たちは男女共学で良かったね。

ジオ：どうして？

グラ：都会の大学では，女子大生のファッションショー化の弊害が起きているところもあるの。地方から都会の大学に行って，周りのファッションの違いにカルチャーショックを受けるの。なかには，競争心をかき立てられてダイエットして，身を飾ることにお金をかけてしまう人もいるの。

ジオ：……。

グラ：大学というところは，自分自身の内面をみがく場であるはずなのに，外見だけを着飾ることに一生懸命になるのね。

グラ：ところで，ファッションといえば，以前厚底のサンダル，ハイシューズが流行っていたよね。

ジオ：同じ時期に中国や韓国でも流行していたよ。

グラ：中国や韓国の都市部では，日本のデジタル放送や音楽番組が放映されたり，インターネットで配信されているから，若い人たちが日本の流行をいち早くキャッチしているのね。

◆ ハイヒールと男と女

グラ：ジオ，女性のハイヒールってどう思う？

ジオ：足が長くみえて素敵だよね。

グラ：ある本によると，このハイヒールというのは「歩行という機能に反するような不安定な形をしている。からだを保護するどころか，逆にはきなれるまでに幾度も皮膚を傷つけ，骨を痛めるもの」（鷲田 1998）とあるの。

ジオ：女性はなぜこの歩行機能に反するハイヒールを履くんだろう。

グラ：これもファッションなの。また，男女二人で歩道を歩く時に，一般的には女性を内側にして男性は車道側を歩くよね。

ジオ：そうだね。

グラ：ところが，以前のヨーロッパでは，男性が建物側を女性が道路の中央を歩くことが礼儀とされたの。

ジオ：なぜ？

グラ：下水処理施設が整っていなかった以前のヨーロッパでは，排泄物を道路に捨てることが多かったの（図Ⅱ-1）。このように，オマルのなかの排泄物を窓から街路に投げ捨てていたのね。

ジオ：……。

グラ：人が建物側を歩くとその排泄物で汚れる。だから女性に道路の中央を歩かせたのよ。また，男性が手にしている傘やコートは，窓から投げ捨てられる排泄物によって衣服が汚れることを防ぐものでもあったのよ。そして，ハイヒールがつくられたのは17世紀の初めといわれているけど，女性のハイヒールは，道路に捨ててある排泄物を踏まないように考案されたの。

ジオ：つまりハイヒールは，汚物のぬかるみでドレスの裾を汚さないために考え出された苦肉の策だったんだ。

グラ：当時のハイヒールは，かかとだけでなくつま先も高くなっていて，汚物の汚れをなるべく最小限に留めるために流行したの。

図Ⅱ-1　都市における排泄物の処理
（高橋 2004）

◆「レディーファースト」の意味

ジオ：ところでグラフィー，男性の女性に対する優しさの表現として，よく「レディーファースト」といって，女性を先に通したり，部屋に入れたり，車に乗せたりするよね。車に乗車する時や部屋に入る時に，レディーファースト。これって男性の優しさだと思う？

グラ：えっ？そうじゃないの……。

ジオ：昔，ヨーロッパではこういう事件が起きたんだ。先に乗った女性が後部座席の奥の方に座る。すると，車の反対側に隠れていた男がドアを開けてその女性は刺されて殺されるということがあったんだ。そのために，男性は女性を先に乗せた。実はあれは，男性が自分の身を守るための，レディーファースト。「先に天国にめされてね」というレディーファースト。つまり，男性の保身のためだったんだ。

グラ：……。

ジオ：一方，当時のアメリカ社会は移民によって構成されていて，しかも大半は男性。だから，女性を大切にする考え方が広まって，今でいうところのレディーファーストの習慣になったといわれている。そして，それがヨーロッパに逆に波及して日本にも伝わったんだ。

3.　衣服の基本形式と多様性

グラ：次に，衣服の基本形式をみてみると，まず胴着型といって，これは身体に巻きつける形式で熱帯地域でよくみられるものよ。次に貫頭衣といって，これは方形の布の中央を切って頭を通すものね。

ジオ：中南米でみられるポンチョなどがそうだったね。

グラ：さらにケープ式といって，肩と背をおおった袖なしのコートに似たもので，北米やアフリカでみられるのよ。そして，毛皮を縫い合わせたもので，2 枚の毛皮でつくった袖つきの服ね。また，コート形式の亜型として，腕のついた背広の上衣やフロック式があるの。

ジオ：男性の昼用の正式な礼服をフロックコートというよね。

グラ：次に，衣服着用の多様性をみてみると，これには社会的な記号としての働きがあって，外見の構成ルールや自意識，見栄によっても，衣服の着用は違うの。

ジオ：難しいね。

グラ：例えば，男女間や年齢，身分や階級，職業，時間とか季節性，目的や場所の違いによっても，着る衣服に多様性がみられるのよ。

まず男女間でみると，私たちのように男女間での服装の多様性は顕著で，特に女性はきれいに着飾っているわよね。

ジオ：でも，動物の特にトリやサカナなどの世界では，一般的にはオスの方がきれいだよね。メスを引きつけるために，オスの方が美しい。

グラ：そうね。クジャクの「上尾筒」といって，尾っぽに飾り羽根があるけど，これは求愛行動につかうもので，美しい飾り羽根を広げて，メスを引きつけるの。

グラ：ところで，動物でも軟体動物やサカナのなかには男女両性がいて相手によって変身するのよ。メスからオスに変わるものを雌性（しせい）先熟，逆にオスからメスに変わるものを雄性先熟というの（表Ⅱ-1)。スズキの仲間は，メスからオスに性転換するものが多くて，例えばイソギンチャクと共生しているスズメダイ科のクマノミ。

ジオ：ディズニー映画の「ファインディング・ニモ」のあのカクレクマノミ？

グラ：そう。カクレクマノミは，集団のなかで一番大きいのがメスに，次に大きいのがオスになって，この 2 匹がカップルになるの。その他のスズメダイ科の仲間もメスからオスに，オスからメスに変わることがあるのよ。

ジオ：へぇ～。

表Ⅱ-1　魚類の性転換（長谷川 1997）

分類群		雌性先熟	雄性先熟
ウナギ目			
	ウツボ科		●
コイ目			
	ドジョウ科		●
ワニトカゲギス目			
	ヨコエソ科		●
タウナギ目			
	タウナギ科	●	
カサゴ目			
	コチ科		●
スズキ目			
	アカメ科		●
	ヒメコダイ亜科	●	
	ハナダイ亜科	●	
	ヌノサラシ科	●	
	メギス科	●	
	タイ科	●	●
	フエフキダイ科	●	
	イトヨリダイ科	●	
	チョウチョウウオ科	●	
	キンチャクダイ科	●	
	スズメダイ科	●	●
	ゴンベ科	●	
	アカタチ科	●	
	ツバメコノシロ科		●
	ベラ科	●	
	ブダイ科	●	
	トラギス科	●	
	イソギンポ科	●	
	ハゼ科	●	

グラ：これは，体内に卵母細胞と精巣細胞の両方があって，性転換できるの。
また，ホンソメワケベラというサカナがいて，ベラ科に分類されるけど，このサカナは一夫多妻の場合に，オスが死ぬと2週間位でメスの1匹がオスに性転換するの。
さらに，エビの仲間にも小さいうちがオス，大きくなるとメスになるものがいるし，ハムレットは雌雄（しゅう）同体や雌雄同時成熟といって，同一個体から精子と卵子の両方をつくれて，産卵の際に1日に4・5回，オスとメスの役割を交代できるの。
また，海にいるカキは，以前は経験的に成長の良いのがメスで，悪い方がオスと考えられていたけど，最近カキはオス・メスの両性で，雌雄同体であることがわかってきて，繁殖期だけオスとメスに分かれるの。フネガイやスズメガイの仲間にも性転換できるのがいるのよ。

ジオ：……。

グラ：話を戻すね。年齢や身分でも服装の多様性はみられて，外国では成人と未成年，既婚者と未婚者，未亡人つまりやもめとやもお（男やもめ）で，服装が異なる地域もあるのよ。
さらに，時間や季節性による服装の違いがあって，特別な時と通常の時，民俗学ではハレとケというけど，冠婚葬祭や宗教的な行事の時などに，さまざまな服装のあり方がみられるわね。
また，服装は目的によっても違うの。例えば，意識をしている人や好きな人に会う時の服装はおのずと違ってくるよね。

ジオ：これは，微妙な心理状態が服装や化粧に反映されるからなんだろうね。

4. 衣服の地域性と風土

グラ：次に，世界各地の伝統的な衣服の特徴と自然環境や宗教との関係をみていくね。まずヨーロッパで，これはロンドンのビジネスマンの出勤風景ね（写真Ⅱ -7）。

ジオ：男性の多くが背広を着ているね。

グラ：背広は，ドイツ人が燕尾服のように後ろを長く垂らして着ていた上着のすそを切ってつくったのが始まりとされているの。なお，背広の語源についてはいくつかあって，肩幅が広かったという説や男性の服の流行の中心だったロンドンのサビロー街から起こったという説，英語のシビル・コート（市民服）に由来する説などがあるの。
イギリス北部のスコットランドでは，儀式用の民族衣装でキルトという巻きスカートをはいて，伝統的なハイランドゲームに参加するのよ（写真Ⅱ -8）。このキルトは羊毛を材料として毛織物でつくられているの。

ジオ：しま模様が特徴的だね。

グラ：これはタータンチェックといわれて，多色の糸であや織りにした格子状の織物で，今では女性のスカートにも応用されているわね。このスコットランドやイングラン

写真Ⅱ-7　ロンドンのビジネスマン
（澁沢・佐野監 1983）

写真Ⅱ-8　スコットランドのキルト
（澁沢・佐野監 1983）

写真Ⅱ-9　スウェーデンの夏至祭の衣装（澁沢・佐野監 1983）

ドのヨークシャー地方は毛織物の産地でもあるの。

北欧のスウェーデンでは，6月25日前後に夏至祭が開催されて，農民はハレの儀式の時に，白と赤を基調とした民族衣装を着るの（写真Ⅱ-9）。赤は明るい太陽を象徴しているのよ。この夏至祭は，冬の長い北欧での短い夏の太陽を祝う喜びの祭で，この日に太陽が天の頂点に達して，そこで静止して耕地に恵みを与えると信じられていて，耕地と家畜の繁栄を祈って悪霊を追い払おうとしたのよ。

スカンジナビア北部とロシアのコラ半島のラップランド（図Ⅱ-2）に住むラップ人は，トナカイの遊牧民として知られているけど，彼らはトナカイの毛皮の外とうの下に，民族衣装のチュニックという青い毛織りの上着とガウソハというズボンを着ているの（写真Ⅱ-10）。北極圏のラップランドは，9ヶ月が厳しい冬で，3ヶ月の短い間を利用してコケ類を求めてトナカイの遊牧をするの。

ジオ：遊牧は，人と家畜と住居が草を求めて水平的に移動するんだよね。

グラ：そう。でも最近は子どもの学校などの関係で，家族での移動は少なくなっているのよ。

グラ：日本の代表的な民族衣装の和服は（写真Ⅱ-11），成人式や卒業式に着る機会があ

図Ⅱ-2　ラップランド（マイクロソフト 2001）

写真Ⅱ-10　ラップ人の冬の外とう
（澁沢・佐野監 1983）

写真Ⅱ-11　日本の和服
（澁沢・佐野監 1983）

るけど，和服は幅 36cm，長さ 12 mの 1 枚の布を直線で裁って縫い合わせて，たもとをつけて，帯を締めて着るよね。夏の高温と湿度の高い日本の気候を踏まえて，脇の下を空けて風通しをよくしているのよ。着物の素材は，絹や木綿，麻などがあり，冬の寒さには重ね着をして備えることもあるわね。

また，朝鮮半島では，男女で独特の伝統衣装があって，女性はチョゴリという上半身の短い上着とチマというスカートを，また男性は上着のチョゴリとパジというズボンを身につけて，パジはくるぶしをひもで結ぶようになっているの（写真Ⅱ-12）。

ジオ：韓流ドラマで，女性が立て膝で食事しているのを見かけることがあるよね。

グラ：あれは女性の正式な伝統的な座り方で，ゆったりとしたチマが立て膝（ひざ）で座るのに適しているところからきているの。

ジオ：文化の違いだね。

写真Ⅱ-12　チマ・チョゴリ（澁沢・佐野監 1983）

写真Ⅱ-13　インドのサリー①（澁沢・佐野監 1983）

写真Ⅱ-14　インドのサリー②

写真Ⅱ-15　ブータンの衣装（澁沢・佐野監 1983）

グラ：インドでは，ヒンドゥー教徒の女性はサリーという民族衣装を着ているよね。サリーは，裁断や縫製しない衣服で，縫い目のない幅 1.2 m，長さ 5 ～ 10m の布をまず下半身に巻きつけ，余った布を上半身と頭にかぶり，サリーの下には胸までの短い半袖のブラウスを着るの（写真Ⅱ-13）。温度や湿度が高いために，腹部を空けて風通しをよくして，上半身に布をかぶることで日ざしをさえぎっているの。

またサリーは，素材や織り，染め，色彩などいろいろあって，これで出身地やカーストという身分の違いなどがわかるの。結婚式などの特別な日のサリーは，優雅なものになるわね（写真Ⅱ-14）。

ブータンでは，男性は日本の和服に似たゴーを着ていて，女性は胸から足首まで布を巻きつけたキラを着ているの。肩をブローチでとめて，全体を腰帯でとめているわね。また，仏教の一派のラマ教の僧侶は，カムニイという礼装用の布を肩からかけていて，これは階級によって色が違うの（写真Ⅱ-15）。

西アジアのイスラム教国では，キブルという伝統的な白い衣装を着ている人が目立つわね（写真Ⅱ-16）。キブルは，長袖のガウンのような衣装でフードがついていて，頭にはひもで布をとめたガラビアをかぶっているの。乾燥地域では，日ざしが強くて湿度が低いために汗をかくけど，これを防ぐために全身を包んで日ざしをさえぎるように工夫されているの。

写真Ⅱ-16　乾燥地域の衣装（澁沢・佐野監 1983）

写真Ⅱ-17　ベドウィン族の衣装（澁沢・佐野監 1983）

写真Ⅱ-18　マサイ族の女性の衣装
（澁沢・佐野監 1983）

写真Ⅱ-19　イヌイットの服装
（澁沢・佐野監 1983）

グラ：エジプトに住むベドウィン族の男性は，頭にカフィーヤという布をアガールというひもで押さえて，キブルという服で身体全体を覆っているの。また女性は，黒いベールに布のマスクでおおって，目だけを出しているの（写真Ⅱ-17）。これは，イスラム教の教えで，家族以外の男性に顔や姿を見せない風習とともに，乾燥地域の強い日ざしから全身を守るための工夫でもあるのよ。
ケニアに住むマサイ族は男女とも長身のやせ形で，女性は胸から足首の上まで，赤い布の巻きスカートをつけて，その上に四角い布で上半身を覆っているのよ（写真Ⅱ-18）。彼女たちは，全身に美しいビーズの装身具を身につけているの。また，女性は頭をそることを習慣としているの。それに対して，男性は後頭部の髪を長く伸ばして，泥で固めて編み込んでいるの。

ジオ：民族によって，美しさやおしゃれの基準がさまざまだね。

グラ：北極海沿岸地域に住むイヌイットの人たちは，極寒の気候に耐えるために，衣服はアザラシの毛皮でつくったフードつきのアノガジュやカリブーなどの毛皮でつくったズボンになっているの（写真Ⅱ-19）。また，こうした外とうの下にはカリブーの毛を内側にしたアティギを着ているわね。なお，フードつきの上着のアノラックという言葉は，イヌイットのアノガジュからきているのよ。

第Ⅲ部　食 文 化

1.　食文化の特色

a．人間の欲求

◆ 眠らない男

グラ：衣食住のなかでも，私たちが最も関心を示す分野がこの食文化よね。ここでは，世界の食文化と日本の食文化，そして食のあり方についてみてみるわね。特に，食の嗜好を通して，この『衣食住の旅』のテーマでもある「自分を知り，他人を知り，そして自他の違いを知る」ことを考えてみたいの。
まず，食文化の特色だけど，人間のもつ生来の欲求，つまり生まれながらにして持つ欲求，これは食欲，睡眠欲。

ジオ：そして性欲だね。

グラ：……。

ジオ：じゃ，睡眠欲は？

グラ：ジオは 1 日に平均何時間眠ってる？

ジオ：7 時間ぐらいかな。

グラ：そうすると，1 年に 2555 時間，人生 85 年とすると一生のうち 25 年間は眠っていることになるのよ。

ジオ：……。

グラ：ジオ，世の中には眠らなくても生きていた人がいたのよ。

ジオ：えっ？

グラ：30 年間も眠らずに過ごした人がいるの。スウェーデンのおばあさんで，「夜は一睡もしていない」というの。ただし，昼はどうもうたた寝をしていたようね。でも，本人は「一日中眠っていない」というのよ。
彼女いわく，「夜が来るのが恐い，周りの人が眠りにつくなかで，独りで起きている孤独感に耐えられない，朝までが長くてつらい」。これを 30 年間，約 1 万 1 千日繰り返して，そしてその後は永眠されたのよ。

ジオ：……。

グラ：ところが，なかには 95 年間も眠らずに一生を送った人がいるの。

ジオ：えーっ！

グラ：アメリカのアルバート・ヘルピンという男性だけど，生まれる直前に馬車の事故にあって，そのショックで彼が生まれたようなの。以後，彼は生涯眠ることはなかったというの。

ジオ：「今日はちょっと寝たりないな」とぼやくことってあるけど，このヘルピンにとってみればぜいたくな話だね。

グラ：作家の有吉佐和子さんによると，世の中には寝つきの悪い人とどこでも眠れる人の二つのタイプしかいないらしいの。自分は不眠症だと思っている人がいるかもしれないけど，心配はいらないわね。1日や2日眠らなくても，実は数十秒単位で眠っているらしい。眠れない人や寝つきの悪い人は，逆に起きてて徳をしたと思った方がいいかも。

ジオ：こうした逆転の発想ができるかどうかだね。

b.　食と食味

グラ：人間の生来の欲求のなかで，最も大事なことは食欲よね。生きていくうえで最も重要こと，それが食べることなのね。人類は，これまで自然物を利用することにすぐれた能力を発揮してきたのよ。旧石器時代以来の人間生活の営み，これは自然物をあらゆる形で利用してきたことなの。

ジオ：自然物？

グラ：たとえば，植物をとってみても約15万種のなかからごく僅かなものを栽培して，コメやムギなどの穀類のように主食にしてきたの。私たちの食生活をみても，まず材料の獲得に始まって，加熱したり冷蔵したりして，加工と調理をしてきたの。
また，人間は雑食性の動物だから，普段は動・植物でも熱を加えて加工して食べるよね。なかには，日本人のように，生魚や生肉，生き血，生野菜などを好む民族もいるね。
人間が雑食性の動物であるもう一つの証拠，それは歯並びなのよ。

ジオ：歯並び……。

グラ：ジオ，自分の歯並びを確かめてみたことある？人間の歯というのは，場所によって形がなぜ違うんだろうと思ったことはない？

ジオ：え……。

グラ：動物は食べるものによって歯の形が違っているの。例えば，リスはドングリ類などの硬いものを噛むので前歯が発達しているよね。ライオンやトラのような肉食動物は獲物の肉を引き裂くキバが発達しているし，ウシやゾウのような草食動物は草をすりつぶすために臼歯，つまり奥歯が発達しているのよ。
これに対して，人間は草食性と肉食性の両方，つまり雑食性だから，前歯と犬歯といわれる糸切り場，そして奥歯の三つのタイプの歯並びになっているの。

ジオ：なるほど。

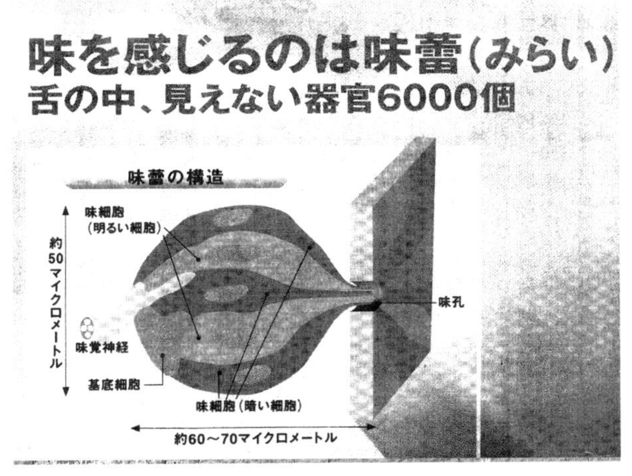

図Ⅲ-1　味蕾（中日新聞社 2002）

◆ 味はどこで感じるの？

グラ：次に食味についてみるね。これは食べ物を食べた時の味のことで，食事の時私たちは味覚だけではなく，視覚や嗅（きゅう）覚，触覚，温覚，聴覚といったさまざまな感覚によって，食べ物を味わっているのよ。
まず視覚だけど，「食事は目でする，目で食べる」とよくいわれるよね。

ジオ：見ただけで美味しそうだと思うことがある。

グラ：一方では，食べ物の好き嫌いの元祖，これが視覚なの。見ただけでだめという人もいるわね。

ジオ：幼い頃にニワトリをしめた時の生き血を見て，チキンが食べれなくなった人がいるし，レバー（肝臓）の色と形をみて食べれない人もいる。

グラ：次に味覚だけど，味覚には五つの基本の味があって，甘味，塩味，酸味，苦味，そして旨味。この旨味は，料理の美味しさを生む大切な役割を果たしていて，旨味の成分として，グアニル酸やイノシン酸，グルタミン酸などがあるの。
こうした味覚の基本の味を感じるのは，舌の味蕾（みらい）とよばれる器官で，味の蕾（つぼみ）と書くの（図Ⅲ -1）。

ジオ：花の蕾に似た形をしているね。

グラ：そう。成人では舌に6000個前後の味蕾があるの。今，40～50歳の女性を中心に，更年期障害の一つとして味覚障害が問題になっていて，これは主に味蕾の損傷によって起こるらしいの。物を食べると，この味蕾から味覚神経を通して脳へ伝わるの。その経路のどこかに異常が生じる障害で，何を食べても味がわからないという症状なのね。味覚傷害の患者は年間24万人（2003年）とされているの。

ジオ：どうしてなの。

グラ：原因の一つは亜鉛不足で，味蕾の味細胞は1ヶ月で新しい細胞と入れ替わるけど，

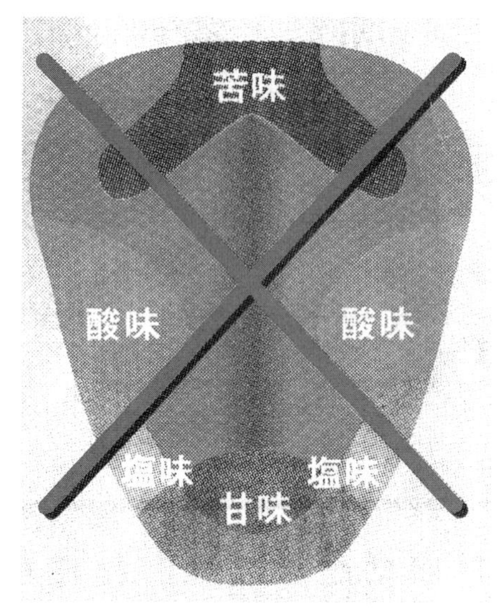

図Ⅲ -2　味覚地図（中日新聞社 2002）

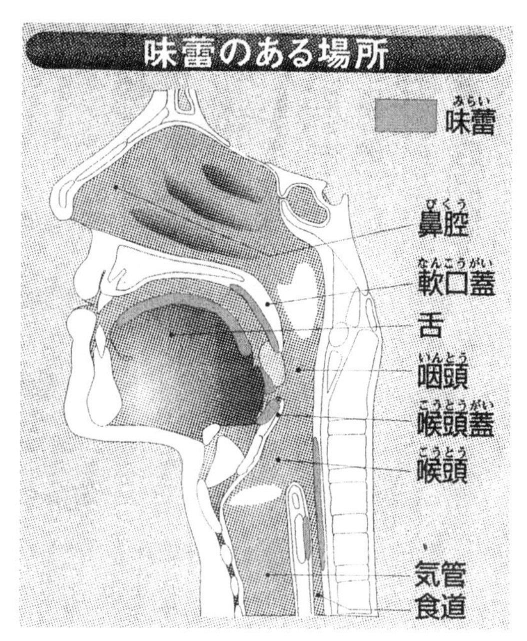

図Ⅲ -3　味蕾分布（中日新聞社 2002）

この時に必要となるのが亜鉛で，これが不足すると味覚障害になるのよ。

ジオ，舌で味を感じる場所は，これまでは甘味は舌の先，酸味は舌の両脇，苦味は舌の奥，辛味や塩味は舌の前の部分で感じるといわれていたよね（図Ⅲ -2)。だから苦い粉薬を飲む時は，舌の先に落として飲み込んでいた。ところが，最近の研究で，味を理解するのはこの味蕾であることがわかったの。

ジオ：えっ？

グラ：つまり，私たちは舌全体で味を感じているのね。だから，お酒を味わう時には，舌でころがして，舌全体の味蕾でお酒の味を確かめた方がいいの。

ジオ：実際にソムリエがそうしているね。

グラ：そして，この味蕾があるのは舌だけではないの。3 分の 1 は軟口蓋（なんこうがい）や喉頭蓋（こうとうがい），食道などの表面にあるの（図Ⅲ -3)。

ジオ：だから，ビールなどは「のどごしの旨さ」とよくいうんだ。

グラ：利き酒をする時に口に含んで戻すけど，実はあれはおかしいのね。本当にお酒を味わうためには，舌全体の味蕾と軟口蓋や喉頭蓋，食道にある味蕾で確かめる必要があるのね。

ジオ：でも，飲み込んでしまうと酔って利き酒にはならないから戻しているんだ。

グラ：また，人には味覚や嗜好の違いがあるけど，この原因は二つあって一つは遺伝的なものなのよ。

食べ物を味わう能力には個人差があって，31 種類の味覚を較べると，他人同士では違うけど，一卵性双生児同士の味覚はよく似ていることがわかっているのよ（図Ⅲ -4)。

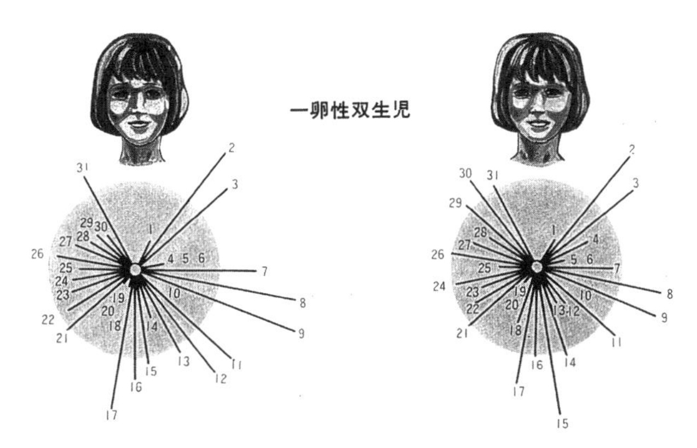

図Ⅲ-4　一卵性双生児（尾本・埴原監 1986）

ジオ：食味は遺伝することがあるんだ……。

グラ：味覚や嗜好が違う原因の二つ目は，生活風土なの。地域的・家族的な食生活の環境の違いが，人の味覚や嗜好を形成するといわれているのね。

また，辛味や甘味，苦味のわかる温度があって，10～40度ぐらいなのよ。それ以上や以下になると，感覚がまひして味がわかりずらくなるのね。

ジオ：アイスを食べた時や熱い飲み物を飲んだ時などがそうだね。

グラ：さらに嗅覚。これも好き嫌いの主な要因なの。

ジオ：セロリやパセリ，ピーマンの臭いがダメという人は多いよね。

グラ：逆に，食欲をかきたてるのがこの嗅覚なのよ。パブロフの条件反射と同じで，ウナギ屋さんの前を通っただけで。

ジオ：よだれが出る……。

グラ：……。

それから触覚。これは，口当たりや歯切れ，歯ごたえといっている感覚で，麺類でよく「コクコクする」，「シコシコする」，「こしがある」と表現する感覚よね。

さらに温覚。天ぷらなどは食材によって食べ頃の温度の違いがあるの。

ジオ：天ぷらの揚げ方は，プロでも難しいといわれるよね。

グラ：それは，食材によって揚げ加減が違うからなのね。揚げる時の温度や熱の通り加減が食材で違っていて，熱の通り加減が85％で美味しいものもあれば，アナゴは100％熱が通らないとだめだし，イカやアワビは揚げ過ぎると固くなるといった違いがあるのよ。

ジオ：飲み頃といって，ビールや地酒の吟醸や大吟醸は5度ぐらいがいいね。一方，純米酒のなかにはむしろぬる燗の方がいいものがあるんだ。

グラ：……。

それから聴覚。これも条件反射で，朝とか夕方の台所の包丁の音，ステーキが焼ける「ジューッ！」という音で食欲をかきたてれられることは多いよね。

こうした六つの感覚が一体となって，食べ物を味わうことを食味というの。ただ，この食味は，人の嗜好や体調，食習慣，年齢，空腹度，季節，場所，さらには相手によっても違うのよ。
風邪などで体調が悪い時の食事，これは何を食べてもまずかったり，味がわからない。でも，好きな人と食事をする時，これは何を食べても美味しいわね。

ジオ：そうだね……。

◆ 日本人の味覚は世界一

グラ：ところで，日本人のこの食味の鋭さ，これは世界でも抜きん出ていて，日本の風土が育んだものなの。日本は山海の幸や四季折々の食材に恵まれているよね。しかも，こうした季節の変化のなかで，自然の産物を臨機応変に工夫して食べてきたの。そうした加工技術のすばらしさを，日本人は持っているのね。
それから，日本人は偏食をしない民族といわれているのよ。また雑食を習慣としているために，消化機能がすぐれていて，日本人の腸管つまり小腸の長さは欧米人に較べて 80 センチほど長いのよ。

ジオ：そうなんだ……。

グラ：そして，日本人の味覚の繊細さを象徴するものとして，七味唐辛子があるよね。

ジオ：これは日本人の発想なの？

グラ：そう。「ご・ち・け・な・あ・さ」といって，唐辛子にごま，ちんぴといってミカンの皮を乾かした生薬，それからけし，なたね，麻の実，そして山椒の七味が調合されているの。

ジオ：しかも，大辛，中辛，小辛と唐辛子の量で辛みが違うよね。

グラ：こうした日本人の食味の鋭さでつくられた日本料理，これはもう芸術の極みなのね。しかも，色彩的にも栄養的にもすぐれているの。色彩的には，五色といって，赤，黄，青といった三原色，これが緑黄色野菜ね。これに白と黒で，ゴマに代表されるわね。日本料理はこの五つの色を料理のなかに散りばめているのよ。
栄養面では，新鮮な魚貝類と肉，野菜といったバランスのとれた素材が豊富につかわれるているの。こうした食材に恵まれている日本の自然に，そうした日本で生活していることに，私たちはもっと感謝しなければならないわね。

ジオ：海外に行ってみると，日本食のすばらしさがわかるよね。

c．食事

グラ：次に食事についてみると，私たちは日に何度か食事をとっているけど，毎日の食事でも，世界的にみるとそこには哲学的，宗教的，社会的な意義の違いがあるのよ。
また，味覚や視覚といった食味を通した食事や食べ物に対する価値観の違いがあるの。

ジオ：たとえば？

グラ：生鮮食料品を例にとると，諸外国では「食べ物は熱を通すもの」という考え方が根底にあるわね。だから，生肉や生魚，生野菜といった生鮮物を食べる文化をもつ国はそう多くはないのよ。日本人が馬刺や鹿刺を食べるという文化，これは世界では極めてまれなの。

ジオ：そうなんだ……。

◆ クジラはどこにいった

グラ：また，クジラの肉に対する考え方にも諸外国と根本的な違いがあるの。今，クジラの肉は種類や部位によっても違うけど，100g 当たり 600 ～ 5000 円と幅広くて高いわね。クジラのステーキを注文すると厚さは数ミリ。しかも，これは調査用として捕ってきたものばかりなのね。でも 1963 年当時は 100g あたり 18 円だったのよ。

ジオ：……。

グラ：日本では，昔はクジラの肉をよく食べたのね。以前に小学校の給食にでた「クジラ肉のたつた揚げ」というのがあるの。40 歳代以上の人なら，よく知っていると思うよ。

ジオ：どんなの？

グラ：チキンナゲットのようなもの。
ところで，小学校の給食のメニューも今は様変わりをしているの。1979 年には，給食のメニューにヨーグルトとサラダが加わって，2 年後にはビビンバやキムチ風の漬物，つまり朝鮮料理が出るのよ。また，1989 年には，給食にバイキング形式を取り入れる学校が出てくるの。そして今では，スペイン風，イタリア風，トロピカルといった外国料理を取り入れたり，さらにデザートまでついているのよ。

ジオ：多彩になってきたね。

グラ：東京都のある小学校では，月に 3・4 回，緑茶を使ったお茶料理というのが出るの。お茶漬けやお茶のチャーハン，お茶の蒸しパンなどね。

ジオ：静岡県の小学校でも，お茶をつかった給食が出るらしいよ。

グラ：話を戻して，そのクジラだけど，最近日本人はクジラの肉を口にすることが少なくなったよね。一人あたりの肉の消費量の推移を 2006 年の統計でみると，ブタ 11.5kg，　ニワトリ 10.5kg, ウシ 5.5kg。これに対して，クジラは僅か 30g なの（図Ⅲ -5）。

ジオ：それはなぜ？

グラ：2002 年の 5 月に，山口県の下関で IWC という国際捕鯨委員会の総会が開かれたけど，この IWC では，1987 年に南氷洋での大型鯨類の捕獲停止，つまり商業捕鯨の停止が決定されたの。長年培われてきた日本の食文化の一つが消えようとしているのよ。

ジオ：長崎県の壱岐にある弥生時代中期の原の辻遺跡（写真Ⅲ -1）からは，細い線で捕鯨の様子を描いたとされる線刻絵画土器が発見されて（図Ⅲ -6），日本の捕鯨は遅

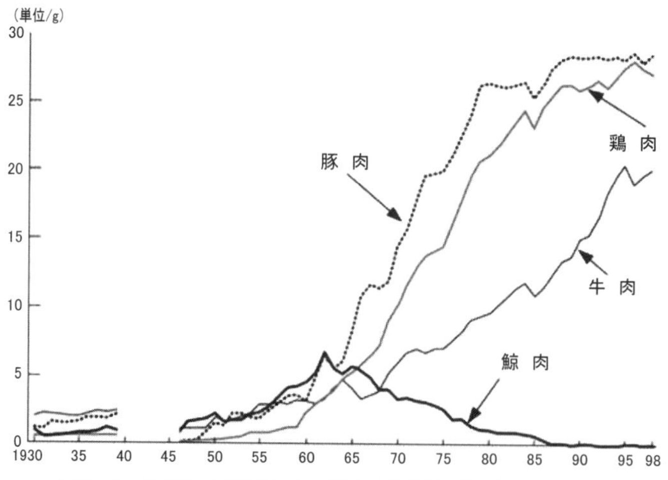

図Ⅲ -5　食肉の年間供給量の推移（農業協同組合 HP 2017）

写真Ⅲ -1　原の辻遺跡の復元住居

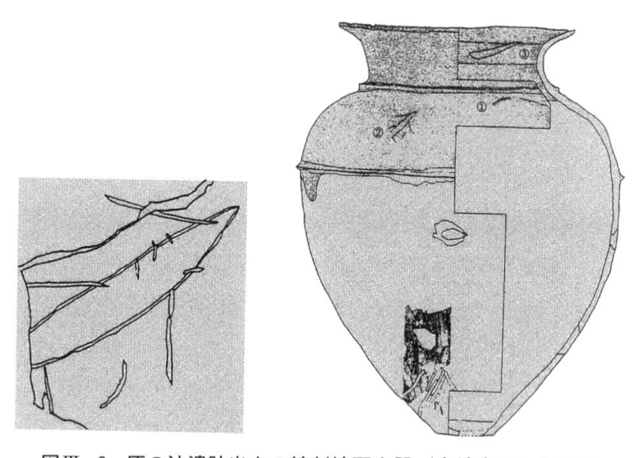

図Ⅲ -6　原の辻遺跡出土の線刻絵画土器（壱岐市 HP 2017）

くとも弥生時代からおこなわれていたことがわかったよね。

グラ：その捕鯨が停止されて，30 年以上になるの。これは，IWC の 2000 年のデータ（図Ⅲ -7）だけど，各クジラの適正資源水準と現状をみると，ほとんど回復してきているのよ。南極海には，実はミンククジラが 76 万頭以上もいるの。このミンククジラの適正資源水準は 7・8 万頭だから，南極海にはその約 10 倍のミンククジラ

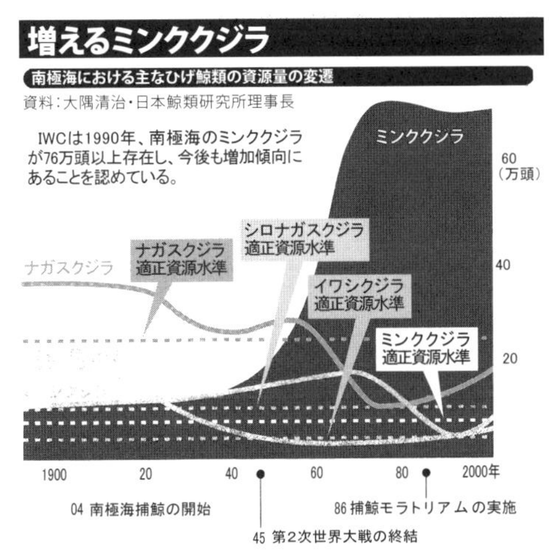

図Ⅲ -7　**増えるミンククジラ**（中日新聞社 2003）

クジラの種類	元の生息数	直近の生息数	保護年
シロナガス	228,000	11,700	1957
ホッキョク	30,000	7,800	1935
ニタリ	90,000	43,000	1986
ナガス	548,000	110,000	1986
コク	20,000	18,000	1935
ザトウ	115,000	10,000	1966
ミンク	490,000	880,000	1986
セミ	100,000	3,200	1935
イワシ	256,000	54,000	1986
マッコウ	2,400,000	1,950,000	1985

図Ⅲ -8　**クジラ生息の実態**（中日新聞社 2003）

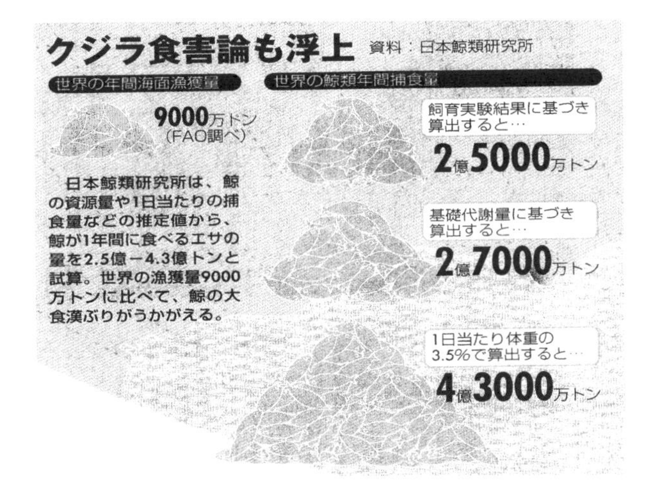

図Ⅲ -9　**クジラ食害論**（中日新聞社 2003）

がいることになるのよ。

クジラの元の生息数と 2003 年とを比較すると，ミンククジラは 88 万頭に増加しているの（図Ⅲ -8）。

ジオ：マッコウクジラは一時減ったけど，195 万頭まで回復しているよ。

グラ：ところが，こうしたクジラが 1 年間に食べるサカナの量に注目すると，世界の年間の海面漁獲量つまり漁船などで捕れるサカナの量は 9000 万トンなのよ（図Ⅲ -9）。実は海面漁獲量の 3 ～ 5 倍のサカナをクジラはエサとしているの。

ジオ：人間よりもクジラの胃袋に入るサカナの量が圧倒的に多いんだ……。

グラ：「クジラ食害論」も浮上しているの。IWC の科学小委員会の算出では，捕獲してもミンククジラが絶滅しない数というのは，年に 2000 ～ 4000 頭なの。つまり，76 万頭の 1 /380 ～ 1/190，僅か 0.26%～ 0.53%に過ぎないのよ。ところが，IWC はこの 2000 頭の捕獲すら禁止しているのよ。

ジオ：はたして，IWC が公正に機能しているのか疑問だね。

グラ：実は，この IWC のバックに環境保護団体や政治団体がいるのよ。加えて，欧米人のイルカやクジラに対する独特の考え方があるの。

ジオ：どういった？

グラ：欧米人は，「イルカやクジラは哺乳動物だから賢い」というの。だから，他の海生動物とは違うから，これらは守らなければならない。こういう論理なの。

ジオ：でもそんな理屈は通らないよ。

グラ：そうね。欧米人が毎日大量に消費しているウシやブタは，イルカやクジラよりも下等な動物かということになるよね。

ジオ：矛盾している……。

グラ：そういう欧米人だけど，実は以前にクジラを捕獲していたことがあるのよ。

ジオ：えっ？

グラ：欧米では，鯨油（げいゆ）とよばれるクジラの油をガス灯の燃料などに使っていた時代があったの。その後電気の発明で，この鯨油の必要がなくなって捕鯨に関心がなくなったのよ。

ジオ：……。

グラ：また，ヨーロッパでは，第二次世界大戦の食料難の時代には，捕鯨をして鯨油をマーガリンとして利用していたの。彼らの求めるものは油だから，大量の肉は捨てられていたのよ。

ジオ：捨てていた……。

グラ：そして，もう一つの矛盾点があるの。現在，捕鯨に反対しているアメリカやカナダは，実は捕鯨国なのよ。

ジオ：えっ？

グラ：IWC はアラスカのイヌイットの人たちに年間数十頭のホッキョククジラの捕鯨を許可しているの。

ジオ：なぜ？

グラ：クジラを食べることはイヌイットの部族のアイデンティティであるというの。つまり，クジラの捕獲はイヌイットの主体性とか統一性を守るためだということなの。

ジオ：日本人のアイデンティティは？日本の食文化の一つの要素であるクジラに対する考えはどうなの？

グラ：これは明らかにジャパンバッシングよね。

ジオ：矛盾に満ちてるね。

グラ：話を戻すけど，次に禁食や節食と宗教との関係をみてみると，ヒンドゥー教はウシを神聖化しているし，イスラム教はブタを禁じているわね。

ジオ：仏教は肉そのものを食べることを禁じているよね。

グラ：また，キリストの教えにもあったように，キリスト教は飽食を禁じているし，仏教やイスラム教の世界のように，修業によって節食をしている宗教もあるわね。
このように，世界の食事の違いは，地域社会の文化類型の一つをなしているのね。
つまり，ある地域の文化の下部構造として，食事は重要な意味を持つの。

ジオ：たとえば？

グラ：米作あるいは米食一つをとってみても，そこには諸民族間のコメに対する認識の違いとその利用の違いがみられるの。その結果，各地域で異なった稲作文化というものが成立しているわね。

2. 世界の食文化

a．食の地域差

◆ 所変われば食変わる

グラ：ジオ，次に世界の食文化の違いについてみてみたいの。世界の食文化は，もちろんそれぞれの日常生活のなかで形成されてきたけど，そこには著しい地域差が生じているのよ。そしてそれは，各地の風土つまり自然環境と密接にかかわっているのね。
また，地域の歴史的な背景とか食文化の伝播と受容，そしてそこに生活する人びとの心理などと結びついて，伝統的な献立がつくられているのよ。
ジオ，世界の主食を大きく分けると？

ジオ：コメとムギ。

グラ：そう。米食と麦食に代表されるように，粒食と粉食があるね。コメからできる料理は，一般的には三つあるけど。

ジオ：ご飯と餅，そして酒だね。

グラ：これに対して，ムギからできる料理は，なんと 3300 種類もあるのよ。

ジオ：粉にすると料理のレパートリーがこれほどに広がるんだ……。

グラ：世界の主食の分布をみてみると（図Ⅲ -10），８地域に区分されているけど，大きくはコメを中心とするアジア地域とコムギ・肉・乳製品を中心とするヨーロッパや新大陸地域・北アフリカ，イモ類を中心とする南米やアフリカ中部，トウモロコシを中心とする中南米やアフリカ東部に分けられるわね。南米のスリナムやアフリカのマダガスカルではコメを主食にしているのよ。

ジオ：各地の風土で育まれた食文化だね。

グラ：また，食事の際の器一つをとってみても，各地でその違いがみられるの。東アジアや東南アジア，欧米では銘々の器が使われているの。

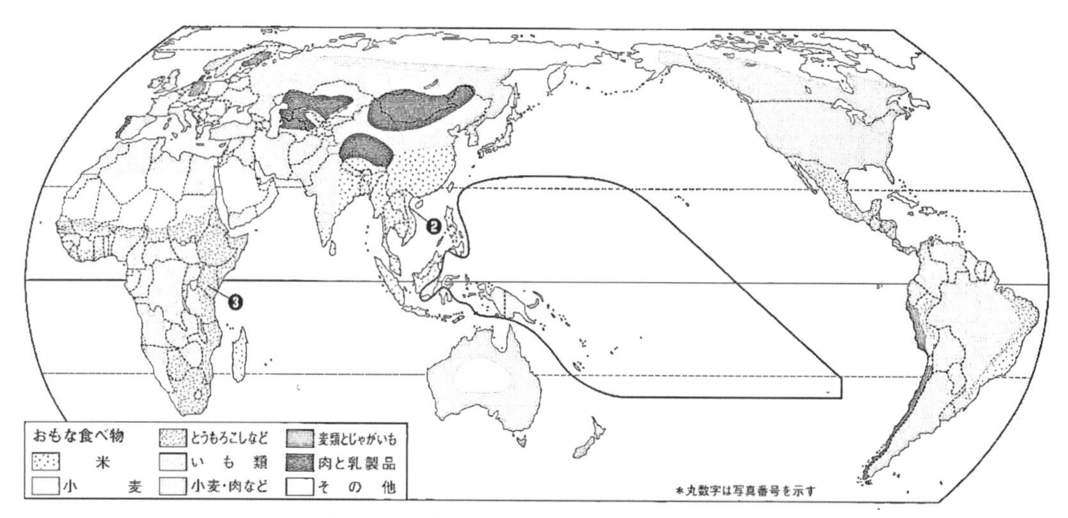

図Ⅲ-10　世界の主食分布（片平ほか 2017）

ジオ：銘々皿だね。

グラ：ところが，西アジアやアフリカでは共用の器をつかっているの。たとえば，スープなどは回して飲んでいるのね。

ジオ：また食べる時には，素手の地域もあれば，箸をつかう所もあり，またフォーク・ナイフ・スプーンを用いる地域もあるよね。

グラ：このスプーンの語源は当初「木片」を意味していたのよ。金属製のスプーンが一般庶民に普及したのは 15 世紀のことで，さらにフォーク・ナイフ・スプーンがセットでつかわれるようになったのは 17 世紀に入ってからなの。
このように，食事の際の道具一つをとってみても，各地域独自のつかい方や食事のあり方が違うわね。

◆ あなたの主食は何？

グラ：私たち日本人は，コメを主食にしているとよくいうよね。

ジオ：グラフィー，この主食って何？

グラ：英語では Staple food というの。これは「常に需要と供給が存在する代表的な食品」という意味なのね。だからコメやコムギ，穀物類だけが主食ではないの。

ジオ：えっ？

グラ：ところが，主食をコメと理解するのは実は日本だけなの。主食の概念というのは，地域によってさまざまで，たとえばアメリカ人に「あなたの Staple food は何か」と聞くと，大人はステーキと答える人がいるし，子供だとポテトと答える子がいるのよ。ヨーロッパ人だったらパン，あるいはソーセージ，あるいはチーズと答える人がいるのね。
日本の場合でいうと，ジオ，石川県の七尾市（図Ⅲ -11）って知ってる？

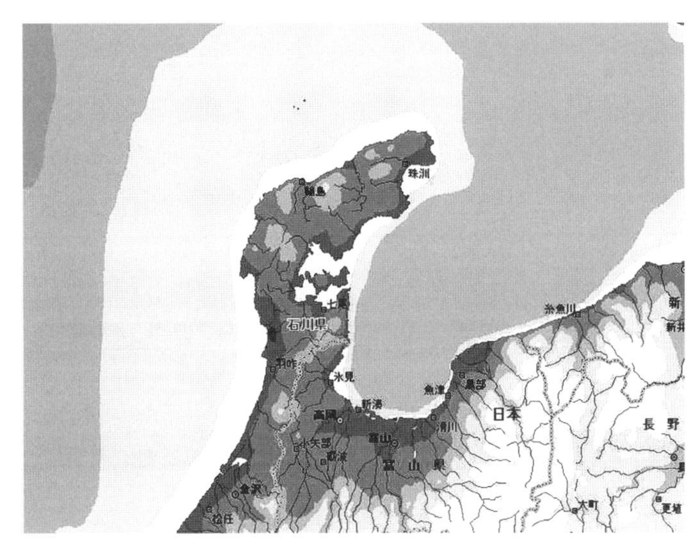

図Ⅲ-11　能登半島（マイクロソフト 2001）

ジオ：能登半島の？

グラ：そう。能登半島の付け根にある七尾市の漁村では，タラを主食として，コメを副食としていた時代があったの。瀬戸内のある漁村では，カレイをよく食べていたの。

ジオ：こういった地域の人びとにとっては，魚が主食だったんだね。

b．食文化の違いとその背景

グラ：次に，こうした世界の食文化の違いとその背景をみてゆくね。まず，食材についてだけど，ノルウェーの港町ベルゲンでは魚市場が開かれて，各種の魚の干し物やくん製，酢漬け，油漬けなどが売られているの（写真Ⅲ-2）。ヨーロッパでは水産物は生で食べずに加工されるのよ。

ジオ：ノルウェーは水産国なんだ。

グラ：ノルウェー沖は，暖流の北大西洋海流と寒流の東グリーンランド海流の潮目（潮境）になっているの。また，ロフォーテン諸島などには大陸棚が発達したり，北海には

写真Ⅲ-2　ノルウェーの魚市場（澁沢・佐野監 1983）

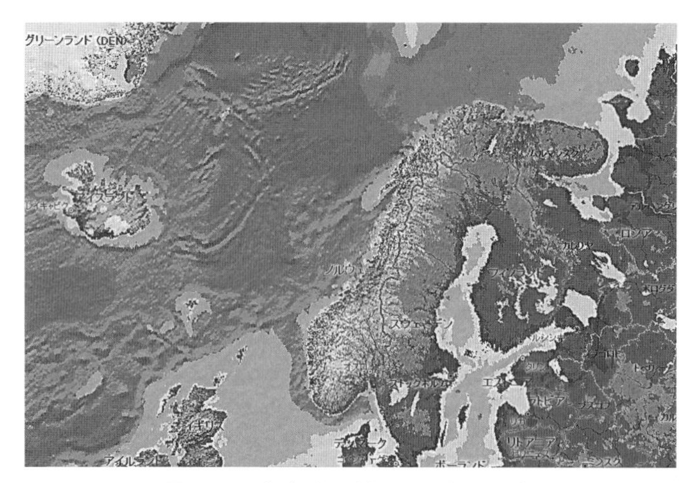

図Ⅲ- 12　北欧（マイクロソフト 2001）

写真Ⅲ -3　ドイツのソーセージづくり
（澁沢・佐野監 1983）

写真Ⅲ- 4　チーズづくり
（澁沢・佐野監 1983）

グレートフィッシャーバンクやドッガーバンクなどの浅堆があるために好漁場になっていて（図Ⅲ -12），漁獲量は世界でも上位を占めているのよ。

また，肉は生のままの保存が難しかったから，昔からの保存方法として，ソーセージやハムに加工したりくん製にしてきたの。特に混合農業地域のドイツではブタの飼育が盛んで，肉を機械でひいて塩や香料などで味つけをして丹念にねって，絞り出し機からブタの腸につめてソーセージがつくられるの（写真Ⅲ -3）。

ジオ：マイスターという言葉をよく聞くけど。

グラ：ドイツでは，三つの階級による古くからの徒弟制度が今でも続いていて，店を持って弟子をとることができる業務独占資格がマイスター（親方），店を持つことができないゲゼレ（職人），そしてレーリング（見習い）に分かれてるの。

ジオ：乳製品はどうやってできたの？

グラ：遊牧民が生乳を子牛の胃袋に入れて移動していた時に，胃袋の中のレンニンという酵素と作用してチーズになったといわれてるの。

ヨーロッパでは，生乳の大半はバターやチーズなどに加工されて大消費地に供給されているよね。チーズは，低温殺菌した生乳に乳酸菌や各種薬品を加えて発酵させ，

写真Ⅲ -5　バターづくり
（澁沢・佐野監　1983）

写真Ⅲ -6　エジプトのパンづくり
（澁沢・佐野監　1983）

写真Ⅲ -7　アルゼンチンのアサード（澁沢・佐野監　1983）

水分を絞り出して容器に入れ，約半年間ねかせて熟成させるの（写真Ⅲ -4）。
砂漠地帯では，遊牧民の家畜のヤギなどからしぼった生乳を革袋にいれて，長時間揺り動かすと乳酸菌の働きでヨーグルトになるの。それをさらにかき回すと，乳の脂肪分が分離して固まってバターができるのよ（写真Ⅲ -5）。
エジプトでは，水でといた小麦粉のドウをねかせて発酵させたものを円形にして，かまどの中に入れて焼き上げると，アエーシとよばれるパンができるの（写真Ⅲ -6）。

ジオ：せんべいのような形だね。

グラ：イースト菌を入れないので冷めると薄くなるけど，粉があらびきなので香ばしいの。アルゼンチンでは，子牛をほぼまるごと塩をつけて焼くアサードとよばれる料理があるの。皮がついているので，肉汁がそのまま保たれるのよ。カウボーイやガウチョとよばれる牛飼いがウシの放牧をしている時に始めた調理法で，今では祭の時や観光客用につくられるの（写真Ⅲ -7）。

グラ：次に，各地の食生活の様子をみていくね。中国の内モンゴル自治区では，土地がやせていて雑穀が主要な穀物の地域では，コウリャンやアワなどの雑穀が主食になっているのよ（写真Ⅲ -8・9）。また，麺は中国の黄土高原を中心とした畑作地帯で

写真Ⅲ -8　内モンゴル自治区のコウリャン飯

写真Ⅲ -9　内モンゴル自治区のアワ飯

写真Ⅲ -10　四川省の牛肉麺

写真Ⅲ -11　内モンゴル自治区の羊肉麺

写真Ⅲ- 12　湖南省の火鍋料理

発達したとされていて，雑穀を美味しく食べるために考案された調理法なの（写真Ⅲ- 10・11）。

ジオ：原料や材料の種類は違うけど，各地で独特の雑穀と麺の料理がみられるね。

グラ：中国の料理は，各地で発達した乾燥食品と，炒める，揚げる，焼く，蒸すなどのいくつかの調理法を合わせて一つの料理を仕上げているの。また中国では，北京，上海，四川，広東など，各地域の気候や特産物の違いから，独特の地方料理に特色があるわね（写真Ⅲ- 12）。

ジオ：韓国では，日本と同じように山海に恵まれて，野菜類や魚介類が豊富だよね（写真Ⅲ -13）。

グラ：また，サム文化といって，高麗時代からおかずやご飯を葉物野菜で包んで食べる習慣があって，今もなお受け継がれているのよ（写真Ⅲ -14）。こうした背景もあって，国民一人当たりの野菜消費量は韓国がトップなのよ（2016 年）。

東南アジアや南アジアでは，インディカ米とよばれる長粒種のコメが主食なのね。ぱさぱさしているので手で直接食べることができて（写真Ⅲ -15），おかずは野菜やイモなどをナンプラーという独特の醤油で味付けしているの。

インドでは，床の上にバナナの皮を置いて皿にし，そこにコメやカレー，チャパティとよばれる薄焼きパン，おかず類をのせて，右手だけをつかって食べるのよ（写真

写真Ⅲ-13　全羅北道の海鮮鍋

写真Ⅲ-14　プサンの肉料理と野菜

写真Ⅲ-15　タイの食事（澁沢・佐野監 1983）

写真Ⅲ-16　インドのカレー料理（澁沢・佐野監 1983）

Ⅲ- 16)。

ジオ：右手だけで？

グラ：左手はヒンドゥー教では不浄の手とされていて，食事の時は決してつかわないの。また，こうしたカレー料理は，南アジアから東南アジアにかけて広く分布するのよ。カレーは多種類の香辛料をブレンドしているけど，これは食べ物の腐敗防止や消臭，蒸し暑い気候によって生じる食欲不振の解消，さらに発汗作用で血流を促して健康を保つための知恵なの。

インドでは，ベジタリアンは約 4 割いるといわれているの。家庭料理でも，肉や魚類はなく，野菜を中心としたカレー料理で，ヨーグルトやフルーツがでるのよ（写真Ⅲ -17)。

西アジアの遊牧民は，普段は小麦粉でつくったフブスというパンを主食としているけど，ハレの日やお客を接待する時などに限り肉類を食べることがあって，コメとヒツジの肉を炊き込んだピラフ（写真Ⅲ -18）などがつくられるの。

ジオ：イスラム教徒は豚肉を食べることはできないよね。

グラ：そう。お酒を飲むことも宗教的に禁止されているの。

ジオ：……。

グラ：ロシアでは，黒パンを始めとして肉のスープや加工した野菜，果物が食べられるわ

写真Ⅲ-17　インドの家庭料理

写真Ⅲ-18　西アジアのピラフ料理
（澁沢・佐野監　1983）

写真Ⅲ-19　ロシアの家庭料理（澁沢・佐野監　1983）

ね（写真Ⅲ-19）。黒パンの材料のライムギは，耐寒性の品種で乾燥にも強く，また酸性土壌でも生育することから，ロシア各地で生産されているのよ（世界第2位，2014年）。寒さの厳しいロシアでは，保存食としての野菜類は塩漬けや酢漬け，油漬けにして，また魚類はくん製などに加工して食されるの。

ヨーロッパでも，コメの生産地域は地中海沿岸地域を中心に分布していて（図Ⅲ-13），スペインのバレンシア地方やイタリアのポー川流域のパダノベネタ，フランスのラングドック地方などでは，コメの食文化も発達しているの。スペインでは，パエリアがバレンシア地方の代表的な郷土料理だよね（写真Ⅲ-20）。

ジオ：日本でもおなじみだね。

グラ：このパエリアは，エビや魚肉，ムール貝，鶏肉，野菜などをオリーブ油で炒め，コメといっしょに煮込んでサフランで黄色に色づけするよね。

ヨーロッパの人びとの食事は，朝食と夕食を簡単にすませて，特にフランスでは昼食は正餐（せいさん）といって重きを置く場合が多いの（写真Ⅲ-21）。

ジオ：フランスは，国土と豊かな食材に恵まれているね。

グラ：ワインを基本として肉料理やパンなどで構成されていて，ワインと料理がつくり出す調和を大切にしているようね。

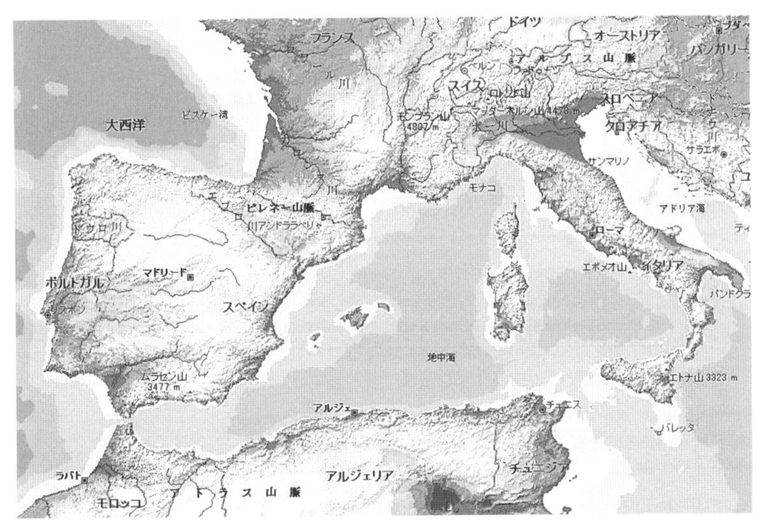

図Ⅲ-13　地中海沿岸地域（マイクロソフト 2001）

写真Ⅲ-20　スペインのパエリア（澁沢・佐野監 1983）

写真Ⅲ-21　フランスの家庭料理（澁沢・佐野監 1983）

ジオ：世界の食生活をみると，自然的・歴史的・社会的な背景があって，各地の食文化が形成されていることがわかるね。

3. 日本の食文化

a. 食文化の特色

グラ：従来の日本の食事というのは，蔬菜類と魚介類を中心として，それに季節ごとの食材を加味してきたのね。また，淡泊な味付けや視覚的には色や形というものにもこだわってきたの。つまり，植物性の食品を主体にしながらも，雑食性の強い料理だったの。

ジオ：これが従来の日本の食事だったんだ。

グラ：しかも，日本人は「焼く，蒸す，煮る，発酵する，乾かす，くん製にする，加塩といって塩漬けにする」，こうしたあらゆる技法を同時に併用してきたのよ。

ジオ：日本の食文化の現状はどうなの？

グラ：食事の近代化とも相まって，諸外国の料理を日本人の味覚に合うように日本化しているわね。中華料理がその典型で，中国各地の本場の中華料理と日本のそれとは違うし，フランス料理やイタリア料理，インド料理もそうなの。
また，現在世界の食べ物で日本にないものはないといわれるの。つまり，日本は世界の食べ物のマーケットなのよ。

ジオ：マーケット……。

グラ：これはまさに，日本文化の特色を示しているわね。つまり，外来的なものを吸収して日本の文化に同化させている。日本人は自然に入ってくるものや人為的に取り込んだものを，日本文化の一要素として発展させているの。

ジオ：「複合発展文化」とよばれるものだね。

b．日本人とコメ

グラ：次に，日本人とコメとのかかわりをみてゆくね。民俗学の立場から，「稲作文化は日本文化の基層の一つをなして，米は日本人にとって重要なもの」と唱えたのは，柳田國男氏なの。
また，氏は「日本文化は稲と不可分の関係にある」といっているの。つまり，「稲は日本人の象徴的な存在である」として，日本文化と稲作文化との密接な関係を強調したのよ。
これに対して，同じ民俗学者の坪井洋文氏は，「日本文化の基層には稲作以外の生業が存在している」と主張して，「非稲作民も日本文化に関与してきた」ということを強調するのよ。

ジオ：非稲作民？

グラ：非稲作これはイモをはじめとする畑作物だけど，日本文化の基層として，こうした畑作と水稲作としての稲作の二元論を説いて，日本人とコメにかかわる新たな視点を打ち出したの。古来，こうした畑作物を利用しながらも，日本人の主要な食べ物はコメだったのね。

ジオ：日本人は，米食民族とよくいわれるよね。

グラ：そうね。奈良時代や平安時代には，年間約 100 万トンのコメの需要があって，当時は人口約 1000 万人の時代だったの。現在は年間約 800 万トンのコメの収穫があって，人口は約 1 億 2700 万人（2016 年）だから，消費量は現在の 6 割ぐらい。ただ当時は純粋にコメだけじゃなくて，アワ・キビ・ヒエといった雑穀と混ぜて食していたの。

ジオ：……。

グラ：このように，日本人とコメとの関係は古くから密接だったけど，この両者の関係が，今くずれ始めているの。

ジオ：くずれ始めている……。

グラ：そう。以前，「唯足（ゆいぜ）レポート」というのが発表されて，1986年に南米のウルグアイで開催されたガット，これは関税と貿易に関する一般協定のウルグアイ・ラウンドで，日本はコメの輸入自由化を迫られたけど，日本の米作農家を中心に反対が強くて，油とオレンジの方が自由化されたのよ。このレポートは，これからの日本の稲作や日本の農業について，次のようにシュミレートしているの。

今，TPP（環太平洋パートナーシップ協定）が話題になっているけど，食料の輸入自由化が認められると，日本のコメの7割が外米（輸入米）になると予想されているの。

ジオ：そうなると……。

グラ：コメの質はともかくコメの値段が安くなって，将来もこの安価傾向が続くといわれているの。最大で3割安，つまり10キロ5000円のコメが3500円になるのよ。

ジオ：なぜ外国産のコメが安いの？

グラ：それは，1993年に日本が冷害にあった時に，タイ米やカリフォルニア米を緊急輸入したけど，諸外国ではコメの生産にかかるコストが全く違うからなの。日本では10アールの土地でコメをつくるのに約14万円（2009年）かかるけど，タイでは1万4000円ですむのね 。これは天水稲作や浮稲，無肥料，無農薬という好条件に恵まれているからなの。

ジオ：つまり，ほっとけば稲が育つという気候条件と土壌条件があるからなんだね。

グラ：しかも，耕地面積が違うわね。日本の一農家当たりの耕地面積は平均2.27ヘクタール(2016年)。これに対して，アメリカ合衆国では169ヘクタール(2010年)もあって，これは日本の実に約170倍以上の広さになるのよ。

アメリカでは，セスナをつかって播種つまり種をまいて，大型コンバインで収穫するという機械化農業が中心なの。こうした大規模耕作をおこなっていて，労働生産性が高いの。

ジオ：だからコメの単価が安いんだ。

グラ：こうしたコメの安価傾向が続くと，将来，日本の稲作農家の3分の2が脱落してしまうのよ。こうなると，「日本から水田が消えてゆく日，農地が消えてゆく日がいつかは来る」といわれているの。2016年の段階で，日本の耕地面積は約450万ヘクタール。

ところが，毎年2万ヘクタールの農地が減少しているのよ。これは，この20年間で，東北地方の水田面積に匹敵する土地が減少したことになるの。

ジオ：……。

グラ：そうなると，土地が荒蕪地（こうぶち）となってゆく。つまり土地が荒れ果てて雑草が生えてくるのね。

ジオ：コメが安くなることはいいことだけど……。

グラ：問題は，日本の将来の稲作をこうした経済効率だけで図っていいのかということなのね。日本の稲作の将来については，稲作文化の歴史性とか稲作に適した日本の自然環境，さらには日本人とコメとの関係などを十分に配慮すべきよね。
日本は，戦後の高度経済成長に伴って産業を発展させてきたよね。

ジオ：特に，工業・商業・サービス業の成長には目覚ましいものがあるね。

グラ：ところが，こうした産業の発展に対して，日本の農業は置き去りにされてきたの。日本の経済発展の背景には，こうした農業が犠牲になってきたという経緯があったのね。
先ほど，食文化のなかで日本の食の豊かさや日本人の食味のすばらしさを強調したけど，日本のこの豊かさの背景に失ったものが，自然と農業なの。

ジオ：……。

グラ：また，日本人の食生活が欧米風に移行しつつあるよね。それとともに，日本人の食に対する考え方が今大きく変わろうとしていて，コメに対する価値観が低下しているの。その一方では，日本の風土で育まれ培われてきた伝統的な食文化が，近い将来失われるという危機感があるのよ。

ジオ：将来，日本の農業や農家がなくなっていって，日本の伝統的な食文化が少しずつ失われようとしている……。

グラ：日本の稲作や農業，日本の食文化というものをこれからどのように守ってゆくのか，あるいはその意義についての真剣な議論が今後必要になってくるわね。

c．食生活の変化

グラ：次に，日本の食生活の変化を，主食・副食・調味料・間食・嗜好に分けて，時代ごとにみてゆくことにするね（表Ⅲ -1)。
まず，縄文時代は基本的には狩猟・採集・漁撈を生業とする時代だったとされているよね。でも，最近，焼畑での雑穀や豆類の栽培や稲作など，縄文時代の植物利用が指摘されるようになっているのよ。

グラ：次に，①弥生時代の主食，主食というよりも常食といった方が適当だけど。当時の常食は強飯（こわいい）といって，これはコメをこしきで蒸したものなのよ。赤飯のつくり方がこわいい。だから赤飯のことを「おこわ」というのよ。

ジオ：なるほど。

グラ：当時，この赤飯は赤米でつくっていたといわれているの（写真Ⅲ -22)。

ジオ：当時は赤米だけ栽培していたの？

グラ：赤モロといって，籾殻が赤くて中の玄米は白いコメもあって，弥生時代には多種類

表Ⅲ－1　わが国における食生活の変化
（笠原 1983に加筆）

時代	食物：主食	副食	調味料	間食・嗜好
弥生	強飯①（米・麦・粟・稗など）	肉　魚・鳥　野菜・魚・鳥		果実
古墳	飯・粥		濁酒　塩・蜂蜜　甘葛煎・飴	
飛鳥	②		醤・酢・蜂蜜　飴・酪・味醤	
奈良	（2食の風）		濁酒・清酒	乾菓子・唐菓子　（果実）
平安	飯・粥・乾飯　④	野菜・魚・鳥　汁物　噌・鮨・羹　③		
鎌倉	垸飯　⑤	精進料理　⑥		喫茶・点心（饅頭・羊羹）　⑨
室町	粥が普通（3食の風）	豆腐・麩　⑧	味噌・醤油	⑩
桃山	⑦		砂糖	南蛮菓子・餅菓子・蒸菓子（カステラ）　うどん・そうめん・そば・干菓子　たばこ
江戸	（精米一般化）	馬鈴薯・甘薯　料理屋発達		
明治	パン	牛肉　西洋料理店　ビール		パン・コーヒー

写真Ⅲ－22　赤米

の稲の品種があったとみられているの。

古墳時代以降になると，ご飯のことを「めし」というようになるの。これは「召すもの」からきていて，この「召す」という言葉は，「食べる」や「飲む」の尊敬語で，よく「めしあがる」 といったいい方をするよね。

私たちは，現在コメを煮炊きして食べているけど，コメを食べ始めた頃は，生のまま噛んで食していたかも知れないといわれているのよ。

ジオ：えっ？

グラ：ジオ，硬いものをかむ時に痛くなるところがあるけど……。

ジオ：……。

グラ：それがコメカミなの。ここはコメをかむ時に動くところ。そこからコメカミというようになったのよ。

ジオ：なるほど。

グラ：縄文時代や弥生・古墳時代の副食としては，イノシシやシカなどの獣肉に加えて，魚や貝，鳥，野菜などが利用されていたのね。このように，当時はバランスのとれた食生活だったの。イノシシやシカは，縄文時代の遺跡から出土する動物の骨の約9割を占めていて，当時の主要な狩猟動物だったのね。今，日本では，こうした狩猟が減っているために，このイノシシやシカの数が増えているよね。

ジオ：サルやクマまでが山から里に降りてきている。

グラ：近畿の大台ヶ原や兵庫県の瀬戸内の島では，イノシシやシカのために木の樹皮が荒らされて，立ち枯れの木や倒木が目立っているのよ。大台ヶ原では，こうしたイノ

写真Ⅲ-23　魏志倭人伝（佐原 1997）

シシやシカの数を減らすために，オオカミを放つという計画があったの。

ジオ：観光地なのに……。

◆『魏志倭人伝』と食事

グラ：次に弥生時代の副食だけど，『魏志倭人伝』（写真Ⅲ-23）には，「倭人は年中生野菜を食べる」という記載があるの。魏の人びとにとっては，野菜を生で食べるということはめずらしいことだったのね。

さらに，『古事記』や『万葉集』，『風土記』によると，「肉や魚を生で食べる」という記載があるのよ。ところが，諸外国では火を使わないと料理が完成しないといわれるの。

ジオ，cook という言葉があるよね。

ジオ：料理のこと？

グラ：この cook という言葉は「煮炊きをする」という意味なの。中国では料理をすることを烹調（ほうちょう）というけど，烹の下の灬は「れっか」といって，炎を意味するのよ。つまり，煮るという意味なのね。

日本では料理をすることを割烹（かっぽう）というけど，割は割（さ）くという意味ね。この割烹というのは刀（りっとう），つまり刀で肉を割いてそして烹（に）ることなの。

ジオ：これが料理なんだ。

グラ：次に，②古代の食事は朝夕の２回とっていたの。ただし，農民や職人といった一般大衆は必要に応じて食べていたといわれているのよ。

ジオ：３食が常食となるのは？

グラ：戦国時代になってからで武士，武士といってもその多くは農民だけど，彼らの肉体労働に伴って３食を常食とするようになるのね。ただし，公家社会では依然として１日２食で，しかもコメを食べるのは１食のみだったのよ。

当時の常食としては，ムギ，アワ，ヒエといった雑穀などのお粥（かゆ）。これに，間食としてのクリやクルミといった堅果類，そして果物だったの。ただ，果物といってもその多くはモモやカキのような果実ね。

ジオ：えっ，そうなの？

グラ：この果物というのは腐物（くされもの）からきているの。

ジオ：つまり，モモやカキのように熟すれば腐れるもの，これが果物だったんだ。

グラ：また，『魏志倭人伝』には「倭人は手づかみで食事をする」と記されているの。つまり，チョップスティックスの箸を使い始めたのはそう古いことではなくて，文献によると，7・8 世紀からといわれているわね。

次に，③奈良時代初期になると，おかずが定着してくるのね。律令制によって，コメが管理されて供給されるようになるし，平安時代には汁物とともに野菜や魚類，肉類が副食物になるの。

ジオ：副食物？

グラ：つまりおかずのことだけど，このおかずというのは「数をとりそろえた副食物」という意味なのね。その他の副食物としては，「かまびす」という味噌，鮨（すし）これはなれずしのこと。そして吸い物などが食べられるようになるのよ。

ところで，『日本書紀』に「膾（なます）をつくる」という記載があるの。

ジオ：酢をつかったあのなますのこと？

グラ：そう。これは生魚の肉を細かく切って酢であえたものなの。また，中国では漢の時代の『楚辞』にある屈原の句に「羹（あつもの）に懲（こ）りて膾を吹く」とあるの。熱い吸い物でやけどをしたのに懲りて，冷たいあえものまで吹いて食べるということね。

また，紀元前 5 世紀の『論語』に「膾は細きをいとわず」とあって，これらは細かく切ってある方がよいという意味なの。

ジオ：膾というのは昔から日本や中国にとって重要な食べ物の一つでだったんだね。

グラ：そして，④平安時代になると，鍋や釜で煮るということが始まるのよ。コメは乾飯「ほしいい」とか「かれいい」とか「ほしい」ともいうけど，これはいったん蒸したコメを天日で乾かして保存しておいて，水に浸すとすぐに食べられるものなの。

これはいわゆる保存食で，10 ～ 20 年の保存がきくといわれているのよ。

ジオ：今でいうところのレトルト食品のはしりだね。

グラ：平安時代に，旅人の多くは宿に着くと，この「ほしいい」をお湯でふやかして食べたのよ。お湯をわかすための材料費，つまり薪（たきぎ）代のことを木賃といったの。当時はこの木賃を「ほしいい」で支払っていたことから，「木賃宿」つまり安い宿の名が残ったの。

ジオ：「木賃アパート」といって，今でも家賃の安いアパートが残っているよね。

グラ：話を戻して，この平安時代から，お節料理が出てくるようになるのよ。これは，本来は宮中での正月の節句の料理で，年の瀬に神様を迎えて供えるものだったのね。これが，江戸時代に庶民に広まって，各地域独特のお節料理がつくられるようになっていくの。

◆「おうばんぶるまい」の由来

グラ：次に，⑤鎌倉時代になると「おうばん」というご飯の食べ方がでてくるのよ。これは，『吾妻鏡』の文治 6 年（1190 年）正月のところに記載されているの。この「おうばん」というのは，ご飯をお椀（わん）（埦）に山盛りにしたものを高坏に載せて出したものなの。椀に盛った飯のことで「わんばん」が「おうばん」に変化したのよ。

さらに，江戸時代からは「椀飯振舞（おうばんぶるまい）」という風習が広まるの。これは，正月に一家の主人が親類縁者をよんでご馳走をふるまうことに由来するの。これが転じて，盛大な宴会，さらには「おごる」とか「ご馳走する」という意味になっていったのね。

ジオ：なるほど。

グラ：さらに，⑥鎌倉時代の副食として精進料理があるの。これは，禅宗の寺院から発達したもので，この精進料理というのは，野菜や豆，海藻を中心として，動物性の食品を一切使わない料理のことなのね。
そしてその後，室町時代になると，禅宗寺院に限らず，広く公家や武家社会の食生活にこの精進料理が取り入れられるようになるのよ。

◆　懐石料理と会席料理

グラ：これに対して，2食が常食の時代の手料理，これが懐石料理なの。寒い冬に修行をしていた禅宗の僧が，夜になると温かい石，これを温石（おんじゃく）あるいは薬石（やくせき）というの。

ジオ：今でいうところの簡易カイロだね。

グラ：……。
この温石を懐（ふところ）に入れて，飢えと寒さに耐えたの。そうした一方で，来客には簡素な手料理でふるまったところから，懐の石つまり懐石料理という名がきているのね。
だから，懐石というのは簡単な手料理の意味で，茶道の茶事の時に軽い手料理で胃の刺激を和らげるの。だから，懐石料理というのは決して豪華である必要はなく，一汁三菜を基本としているのよ。

ジオ：茶事にだされる料理が懐石料理だね。

グラ：この懐石料理を英語に直すと a simplified Japanese dinner となるのね。これに対して，お金を払って，お酒を飲んで，最後にご飯が出る料理というのは会席料理の方なの。ところが，こちらの会席料理は少しも simplified ではなくてむしろ豪華なの。

ジオ：「京都のお寺に豪華なカイセキ料理を食べに行った」と聞くことあるよ。

グラ：この違いのわかっていない人かも。

グラ：⑦室町時代になると，1日3食となって，かゆを常食とするようになるのよ。かゆというと普通は雑炊みたいな汁がゆだけど，当時はかたがゆといって，今のご飯に近いものだったのね。
童話に『さるかに合戦』（図Ⅲ-14）ってあるでしょ。この話は地方によってバリエーションがあるけど，ジオ，一般的には？

ジオ：おにぎりとカキの種を交換する話だよね。

グラ：そうね。おにぎりを持っていたカニが，「カキの種が成長すると，カキがたくさんなってずっと得をするよ」というサルにだまされて交換する。そして，成長したカキの

図Ⅲ-14　さるかに合戦（YouTube HP 2018）

木の上から，青くて硬いカキの実をサルに投げつけられてけがをするけど，その後カニの子どもたちが仕返しをするという「因果応報」がテーマなの。

この話が民話として完成したのは，室町時代といわれているの。しかも，おにぎりと交換をしていることから，日本人が白米を食べるようになったのは足利時代の末期あたりからという説があるのね。

そして，安土・桃山時代には弁当が普及するの。旅の携帯食として，弁当がこの時代から取り入れられるのよ。

ジオ：意外に新しいんだね。

グラ：弁当というと，慶長3年（1598年）3月15日の豊臣秀吉の「醍醐の花見」は有名よね。秀吉は，伏見の醍醐寺の三宝院で催された豪華な花見の宴で弁当を食べているの。ちなみに，弁当箱は金箔を散りばめたものだったらしいの。

ジオ：金好きの秀吉らしいね。

グラ：それから，この頃になると豆腐や納豆といった加工食品が⑧副食として普及してくるの。豆腐は，今では230種類以上の料理法があるといわれているのよ。

ジオ：豆腐料理の専門店があるぐらいだものね。

グラ：室町時代のその他の副食をみてみると，「ふすま」というのがあるのよ。これは，コムギをひいて粉にした時にでる皮のくずで，これを「麦かす」といっているの。今ではウシやウマの飼料となっているけど，当時は人びとの副食だったの。

ジオ：「麩（ふ）」とは違うの？

グラ：「麩」は，小麦粉にこの「ふすま」を入れてつくったものなの。これには，「生麩」と「焼き麩」があって，焼き麩は金魚の餌にもなっているけど，すましや味噌汁に入れて食べるとおいしいよね。

ジオ：正月の雑煮にこの麩を入れて食べる家庭もあるよ。

グラ：次に，⑨菓子は主食や副食，調味料といった常食の他に食べる，いわゆる嗜好品のことね。菓子の最初の記録は，『六国史（りっこくし）』のなかの『続日本紀（しょくにほんぎ）』797年の項に記載されているのよ。

前にもふれたように，昔の菓子の多くは果物。つまり水菓子あるいは乾（ほし）菓子といった干し柿などの果実なのね。その後，唐から入ってきた唐菓子があるの。

ジオ：長崎で「長崎唐菓子」という商品を見たことがあるよ。

グラ：この唐菓子は唐（から）果物ともいうけど，6世紀の前半，一説には538年ともいわれているけど，唐との往来が盛んとなって唐の菓子が伝来してくるのね。

その後，鎌倉時代や室町時代の茶道の普及に伴って，茶請けの点心として利用されて，これが江戸時代には和菓子，さらに明治以降には洋菓子が普及してゆくのね。

ジオ：点心というと……。

グラ：点心は，本来は禅寺で食事と食事との間にとる少量の間食のことをいったの。中国料理では，食事がわりの軽い食品，これが点心ね。そしてそれが茶請けの菓子，つまり「まんじゅう」や「ようかん」などになっていったの。

ジオ：グラフィー，喫茶という言葉だけど。

グラ：喫茶といっても，コーヒーや紅茶ではなくて，当時は緑茶のことね。『喫茶養生記』を著した栄西が宋から持ち帰った茶の種を，明恵（みょうえ）が京都府の栂尾（とがのお）や宇治などに茶園を開いたといわれているのね。

このお茶は，当初は薬種つまり薬の材料として，抹茶（ひき茶）にして服用されていたの。

ジオ：お茶は薬だったんだ……。

グラ：そして，室町時代になると，⑩味噌が庶民に広がり，醤油が本格的につくられるようになるのよ。

味噌は，コメやマメ，ムギなどの原料に米麹と塩を混ぜて，さらに麹菌と酵母菌，乳酸菌でつくるの。種類は大きく四つあって，米味噌は主に東日本，豆味噌は東海地方，麦味噌は九州と中国・四国地方の西部，そしてこれらを合わせた調合味噌（白味噌）は関西から広島県や香川県にかけて分布しているのよ（図Ⅲ -15）。

ジオ：味噌の起源は？

グラ：それについては諸説あるけど，一つには中国でダイズを塩につけて食べる「醤（ひしお）」がつくられ，飛鳥時代に日本に伝えられたとされているの。醤という文字は『大宝律令』

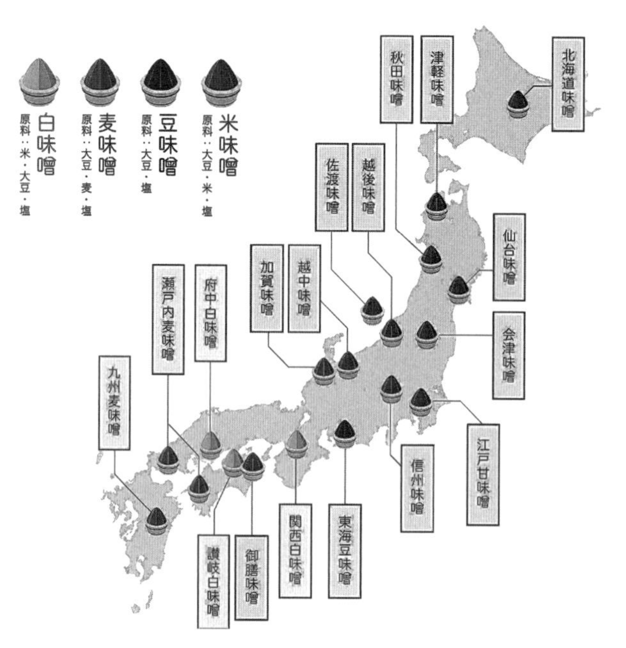

図Ⅲ -15　全国味噌マップ（marukome HP 2018）

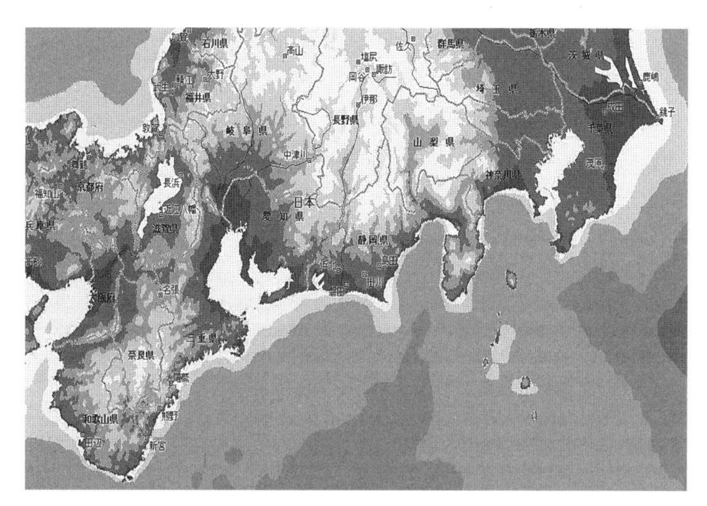

図Ⅲ-16　和歌山～千葉（マイクロソフト 2001）

（701年）に最初にみられ，「未醤（みしょう）」（未だ醤にならないもの）が「未噌」に変化していったといわれていて，平安時代に「味噌」という文字が文献にあわわれたの。

ジオ：醤油の歴史も古いの？

グラ：これも中国の醤に由来するといわれているの。鎌倉時代の僧覚心が，中国から径山寺（きんざんじ）味噌の製法を持ち帰り，その製法の過程で溜醤油に近いものができたとされるの。
醤油はダイズとコムギに麹菌を加えて発酵させるけど，原料のダイズのことを英語で soybean というよね。

ジオ：日本の醤油が語源なんだ……。

グラ：醤油の前身は 溜（たまり） といって，これはダイズだけで発酵したもので，現在でも愛知県や岐阜県，三重県などでよく使われているのよ。

ジオ：醤油の発祥地は？

グラ：2説あって，京都説と和歌山市の南の湯浅地方説（図Ⅲ-16）で，この湯浅地方の方が有力視されているのね。醤油が文献に最初に出てくるのは，当時の国語辞典だった『節用集』とされて，醤油の醸造は室町時代の末頃から盛んになって，庶民に普及するのは江戸時代の半ば頃ね。

ジオ：醤油というと千葉県が有名だよね。

グラ：この醤油は，和歌山県の漁民が千葉県の九十九里浜に漁業の出稼ぎに行って，その際に，醤油作りの技術を伝えて，銚子や野田で発展したのではないかといわれているのよ。

d．食生活の現状

グラ：次に，食生活の現状についてみてゆくね。まず，日本の食料依存率の高さについて

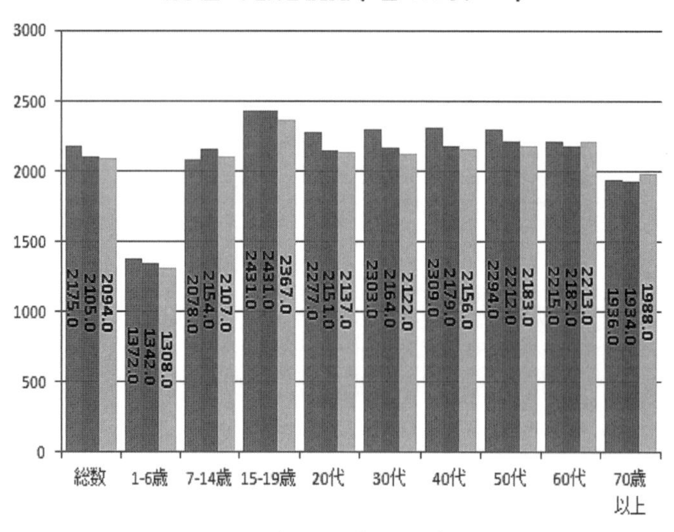

図Ⅲ-17　エネルギー摂取量の平均値－男性－（ガベージニュースHP 2018）

みてみると，日本人一人あたりの1日のカロリー摂取量，これは男女で若干違うけど，平均で2000キロカロリー（2014年）なの（図Ⅲ-17）。

このうち，国内で供給できる食料分はわずか800キロカロリーしかないのよ。これは，供給熱量自給率といって，カロリーベースで約40%，穀物自給率は重量ベースでみると28%しかないの。

ジオ：食料をいかに外国に依存しているか分かるね。

グラ：1993年に冷夏でコメが不作となって，日本はタイ米やカリフォルニア米を緊急輸入したのね。

ジオ：ひと夏の冷害で，主要な食料を緊急輸入したんだ。

グラ：それほどに，日本の食料の自給力は低いのよね。

ジオ：21世紀の日本にとって，これは深刻な問題だね。

グラ：今，TPPで食料品の貿易自由化の動きがあって，コメをはじめ食料品の関税が撤廃されることになると，消費者は当然安い外国産のコメを求めるから，日本の米作農家が減っていくよね。

ジオ：つまりコメの専業農家や兼業農家が減少していく。

グラ：そうなると，日本人は将来輸入米や輸入食料品を摂取することになるし，現実に汚染された食料品が問題になっているよね。

また，最近異常気象によって諸外国で凶作が続いているけど，自国の穀物が不足するから，当然食料の輸出を規制するよね。そうしたら，食料の6割を外国に依存しているこの日本はどうなるのかしら。

ジオ：『環境と人の旅』でもふれたけど，21世紀に最初にダウンするのはこの日本だとい

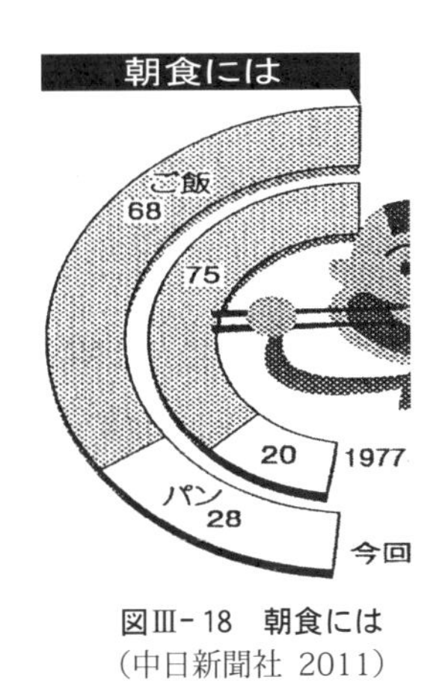

図Ⅲ-18　朝食には
（中日新聞社 2011）

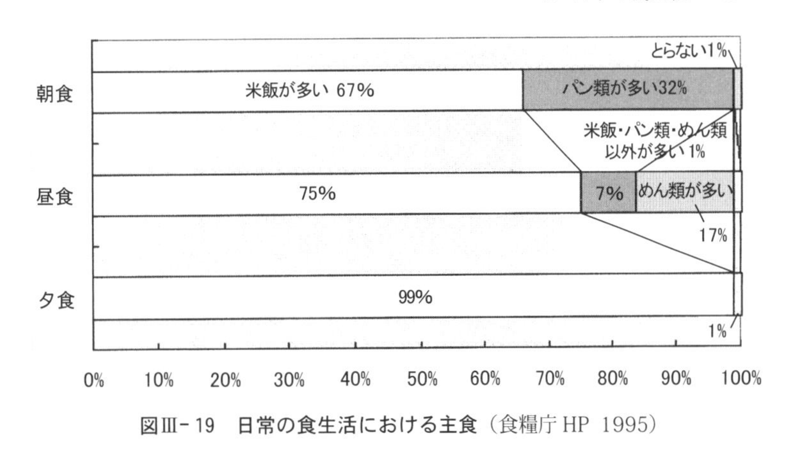

図Ⅲ-19　日常の食生活における主食（食糧庁 HP 1995）

われているよね。

グラ：……。

グラ：次に，主食の変化をみてみると，米食からパン食へという傾向がみられるわね。ジオ，朝食はいつも何を食べてるの？

ジオ：コメが多いね。

グラ：20 歳代前半の男性の半分は朝食を食べないという統計データがあるの。「朝食には何を食べるか」という調査結果があって（図Ⅲ -18），1977 年と 20 年後の 97 年のデータなの。この 20 年の間に，パン食が 20%から 28%に増えているよね。女性の 3 人に 1 人はパン食で，30 代の女性ではパンがコメを上回っているのよ。

主食に関するデータでみてみると（図Ⅲ -19），朝食にパン食の人が 32%と多くて，昼食に麺 類をとる人が多いわね。

ジオ：夕食の 1%は何だろう。コメやパン，麺類以外に……。

グラ：また，コメの消費量を 1984 年度と 97 年度の家庭食と外食で比較すると，外食の割合は 15%から 20%に増加していて，家族や友人と外で食べる機会は増えているの。一方, コメの 1 ヶ月当たりの消費量は 6.0kg から 5.1kg に減少しているのよ（図Ⅲ -20）。1960 ～ 97 年にかけての一人あたりのコメの年間消費量をみると，60 年の 115kg から約 40 年間で 61kg に半減していて（図Ⅲ -21），1 日あたりでは 167 g なの。

これをコメの年齢・階層別の推定消費量でみてみると，男女で顕著な違いがあるわね（図Ⅲ -22）。男性は 15 ～ 19 歳の成長期に多く食べていて，その後安定して 70 歳以上で減少している。一方女性はというと，15 ～ 29 歳はお年頃なので少ないけど，30 歳以降に増加しているわね。

ジオ：50 ～ 59 歳の世代はコメに限らず何でも食べるんだろうね。

グラ：……。

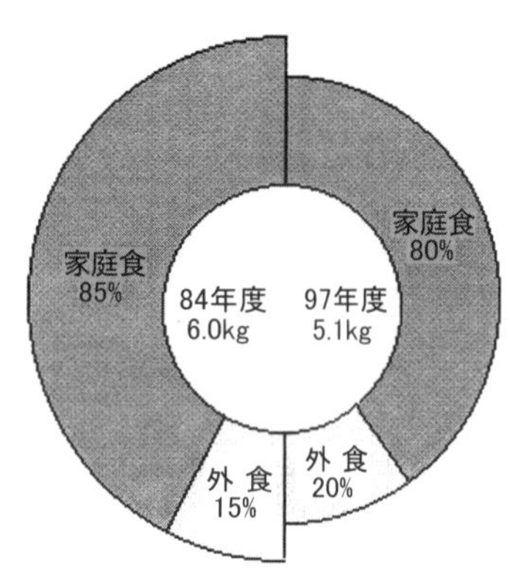

図Ⅲ-20　外食における消費動向
（食糧庁 HP 1996）

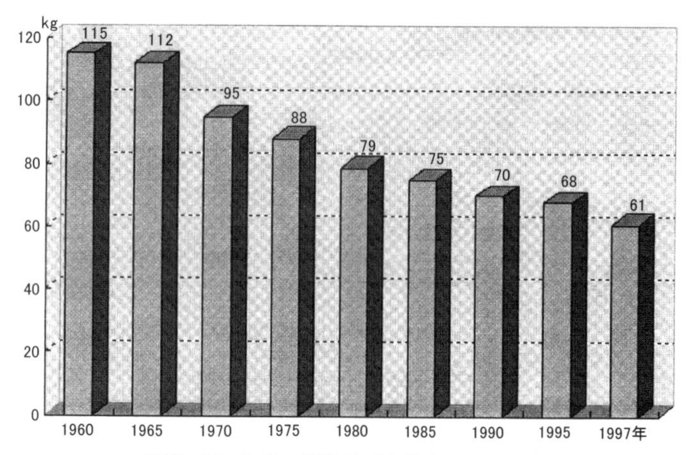

図Ⅲ-21　お米の消費量（食糧庁 HP 1997）

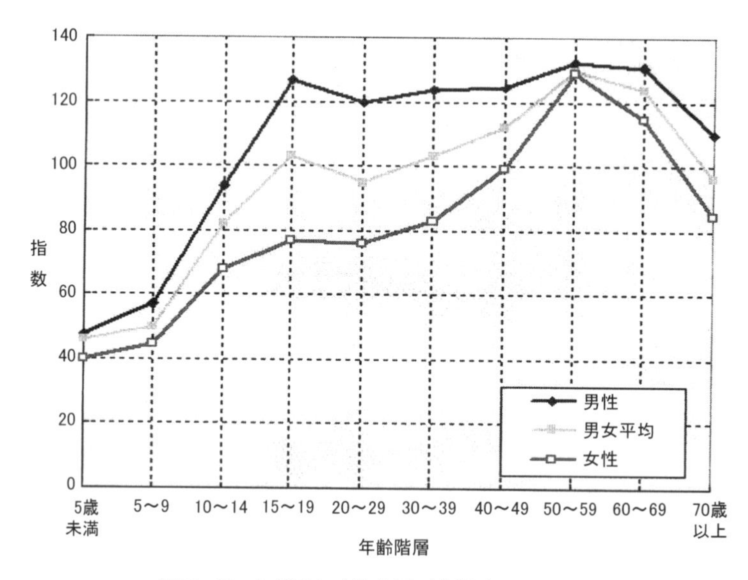

図Ⅲ-22　年齢別お米消費量（食糧庁 HP 1998）

グラ：次に飲食物の年間購入額，つまり消費量を都道府県別に比較してみたいと思うの。左には 1963 年または 78 年のデータ，右には 2016 年のデータを並べて，約 50 年前や 40 年前とどのような消費の違いがあるのかをみてみるね。

1963 年（図Ⅲ-23）と 2016 年（図Ⅲ-24）のパンの年間購入額を比較すると，63 年では大都市でのパンの消費が多いけど，これは当時の県民所得と一致しているの。

ジオ：長崎県はカステラの影響もあるのかな。

グラ：2016 年では近畿地方での消費量の増加が目立って，京都府は 1 位になっているね。全国的にもパンの年間購入額は増えているけど，この要因の一つとして，学校給食によるパン食の普及があげられるの。今，日本の小学校の 98.4%（2016 年）で学校給食を実施しているのよ。また，別の要因としては手作りパンのブームがあるわね。

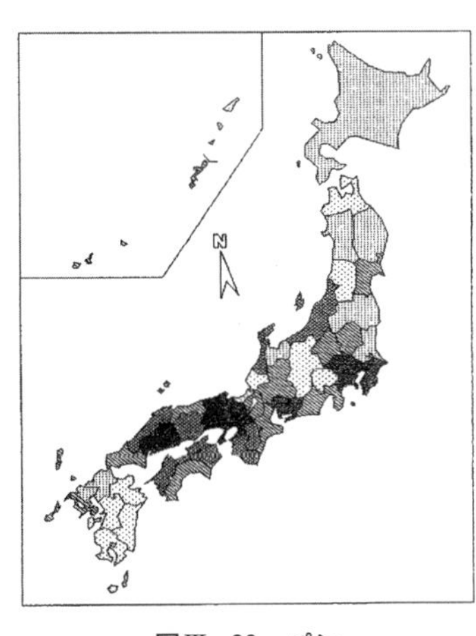

図Ⅲ-23　パン
（鈴木・久保 1980）

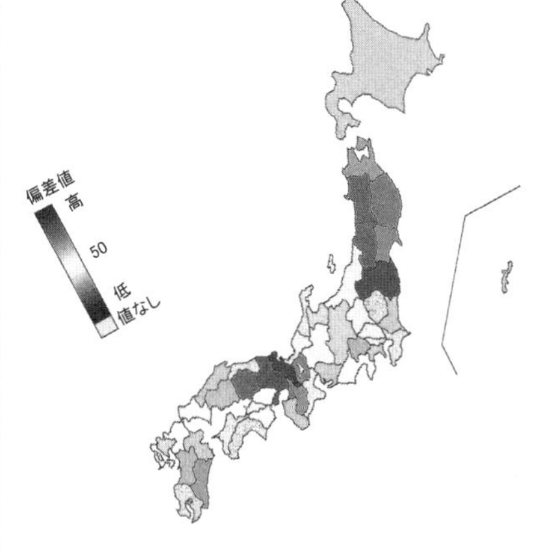

図Ⅲ-24　パン
（とどラン HP 2017）

ジオ：各地に個性のあるパン屋が増えているよね。

グラ：さらに，ハンバーグなどのファストフードの台頭で，コメからパンへの変化傾向が顕著になっているわね。ジオの一番好きな食べ物は？

ジオ：カレーかな……。

グラ：子供たちの一番好きな食べ物もカレーなの。
日本人は1年間に約96億皿（2014年），単純に平均すると週に1回以上は何らかの形でカレーを食べていることになるのね。ジオ，このカレーを，戦時中の軍隊では何といったか知ってる？

ジオ：戦時中……。

グラ：当時は外来語が使えなかったから，「辛味入り汁かけめし」，つまり「コショウなどの入った汁をかけたごはん」といったのよ。

ジオ：……。
グラフィー，子供たちの好物の上位は？

グラ：2位が寿司で，3位が鶏の唐揚げ，4位がハンバーグで，5位はラーメンなの。

ジオ：油っこいものや動物性のタンパク質が多いね。

グラ：日本人の食生活は，今欧米型の食事形態に移行しつつあるわね。そして，その弊害が徐々に起きているの。

ジオ：ということは，従来の栄養バランスのとれた日本の食文化が崩れてきている……。

グラ：たとえば，アルカリ性食品。これはチキンやハンバーグといったファストフードに多いのね。また，添加物食品を多く摂取しているために，血液がアルカリ性にかたよっているのよ。

ジオ：ところで，グラフィー，なぜ輸入果物類や野菜類は腐らないの？

グラ：冷凍しているからだけではないの。欧米ではポスト・ハーベスト（収穫後の農薬）といって防腐剤などを添加しているの。ジオ，スーパーに並べてある輸入果物類はなぜあんなに光っているのか，疑問に思ったことはない？

ジオ：……。

グラ：レモンが美しい光沢をもって並んでいるよね。

ジオ：このレモンを皮ごと食べていたことがあるんだよ。

グラ：皮ごと？……。

ジオ：それは，「檸檬」という曲がヒットしていた頃らしい。東京都のお茶の水の聖橋から，かじったレモンを神田川に投げ入れるという内容の曲なんだ。

グラ：……。

レモンの光沢の話に戻して，果物の生産国は，収穫後にワックスで加工を施して輸出しているというの。

ジオ：この現状を日本人は真剣に考えるべきだね。

グラ：私たちは，こうした輸入食料品に依存する一方で，魚貝類や野菜類の消費量が少なくなって，これが鉄分やカルシウム分の不足となって，骨粗鬆症を引き起こしているのよ。一方では，コレステロールが蓄積されて，これが動脈硬化や高血圧，糖尿病の原因となっている。

ジオ：……。

グラ：この高血圧だけど，アフリカにケニアを中心に居住しているマサイ族という，長身の部族がいるよね（写真Ⅱ -18）。彼らの約 600 人の血液検査をしたところ，高血圧の人はいなかったらしいの。

ジオ：どうして？

グラ：彼らは基本的には塩分を取らない。というよりも，内陸部だから塩そのものがないのね。つまり，彼らのなかには一生塩というものを知らない人がいるの。

ジオ：塩分の補給はどうするの。

グラ：植物のなかの僅かなナトリウムを摂取しているらしいの。

グラ：話を戻して，コレステロールの取り過ぎの結果，高脂血症や肥満，高血圧や糖尿病といった生活習慣病が今増加しているの。

ジオ：生活習慣病？

グラ：従来は成人病といっていたけど，20 歳以下の子供たちも発症していて，成人だけの病気ではないということで，1996 年の 12 月から名称が変更になったの。欧米風の食生活に変化したことが，この生活習慣病の拡大の大きな要因となっているのね。コレステロールの取り過ぎによるこうした生活習慣病によって，将来日本の長寿大国の座は徐々に維持できなくなるといわれているのよ。

グラ：次に，主要食料の特色をみてゆくね。まず粉食。この粉食の最たるものがめん類ね。めん類の起源は中央アジアといわれているのよ。麺が日本に伝来してきた奈良時代は麦縄といって，ムギを練って細長くして蒸した唐のお菓子だったの。麦縄菓子といって，練ったムギを油で揚げたものが奈良県桜井市の三輪に残っているのよ（写

写真Ⅲ-24　麦縄菓子
（三輪山本 HP 2018）

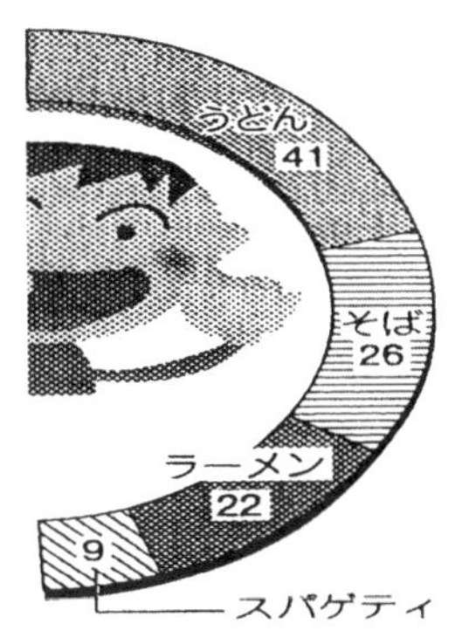

図Ⅲ-25　好きなめん類
（朝日新聞社 1996）

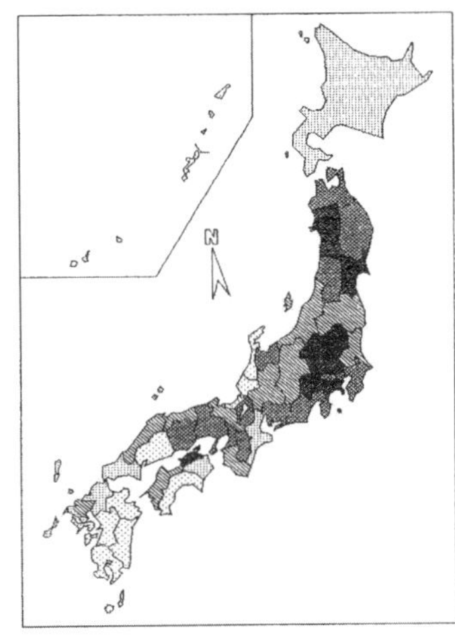

図Ⅲ-26　めん類
（鈴木・久保 1980）

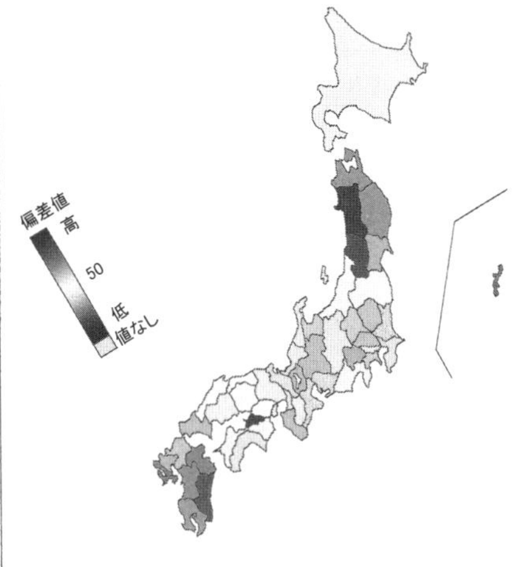

図Ⅲ-27　めん類
（とどラン HP 2017）

真Ⅲ-24）。

このめんは，その後の外来文化の影響を受けて，ラーメンやうどん，そば，パスタなど多様に変化しているよね。パスタもスパゲッティーなどのロングパスタやマカロニなどのショートパスタ，ラザニアなどの板状パスタ，ニョッキなどの団子状パスタ，ペンネなどの詰め物入りなど多種に分かれるの。ジオ，先程の 4 種類のめんのなかで一番好きなものは？

ジオ：僕はラーメン。グラフィーは？

グラ：私はうどん。

日本人のめん類の嗜好は，従来の西日本のうどん，東日本のそばという状況から，東日本の人たちもうどんを好むようになってきているわね（図Ⅲ-25）。

めん類全般の消費量をみると東日本に多いけど（図Ⅲ-26），これはコムギやソバの生産地域と重なるの。東日本は高燥な気候条件と土地条件の所が多いので，土地利用は畑作になるのね。最近では関東で消費は減るけど，東北地方と香川県は変わらないね（図Ⅲ-27）。

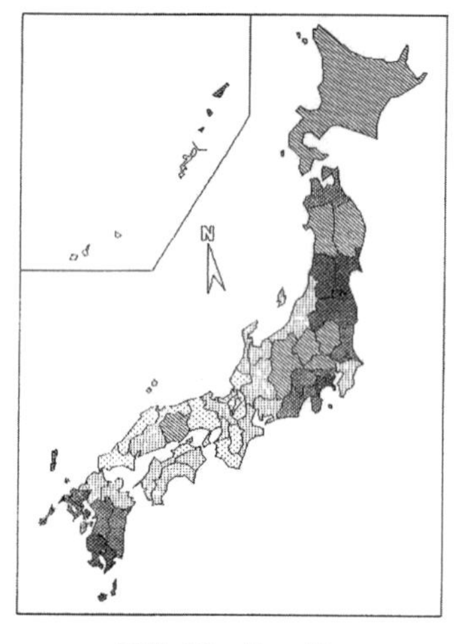

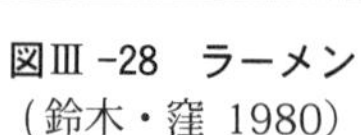
図Ⅲ-28　ラーメン
（鈴木・窪 1980）

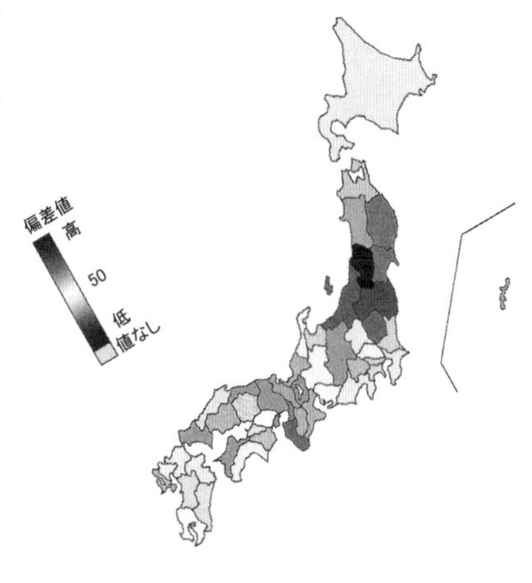

図Ⅲ-29　ラーメン
（とどランHP 2017）

ジオ：香川での消費量が多いのは讃岐うどんだね。

グラ：香川でのコムギの収穫量は少ないけど，周辺地域から入手したり，外国産のコムギを使っていて，うどんの総生産量は6万トン（2006年）を超えて圧倒的に多いの。コムギの収穫量は北海道を中心に福岡県や佐賀県が多く（2014年），ソバの収穫量は北海道，長野県，茨城県の順なのよ（2015年）。
ラーメンは全国的に消費されているけど（図Ⅲ-28），札幌や福島県の喜多方，九州ではとんこつスープの博多，さらに熊本県の球磨，鹿児島県の薩摩のラーメンが有名ね。最近では，九州の消費は相対的に減って，東日本の消費は変わらない（図Ⅲ-29）。山形県がトップだけど，ここは醤油ベースのスープのラーメンが有名なのよ。

ジオ：ラーメンといえば，インスタントラーメンが国民食だよね。

グラ：日本が生んだ世界の食品だよね。世界で年間977億（2015年）食されていて，単純計算すれば世界で1年に一人14食ずつ食べていることになるの。中国では年間404億食，インドネシアでは132億食，日本では55億食で，年間一人あたりでは韓国で73食，日本で43食（2015年）なの。

ジオ：……。

グラ：次にうどんだけど，伝来の当初は唐菓子の一種で，小麦粉を団子にして中にあんを入れて煮たものだったの。『延喜式』には「混飩（こんとん）」と記載されていて，さらに温めて食べるところから「温飩（うんとん）」，転じて「うんどん」。ただ，これは現在のワンタンに近いものだったようね。「うどん」というようになったのは，室町時代末期頃からなの。

ジオ：日本に伝わったのは？

グラ：806年に弘法大師（空海）が伝えたとされるけど，これについては定かではないの。一方では，鎌倉時代の禅僧によって麺の製法がもたらされたともいわれてるのよ。

図Ⅲ- 30　めん類で好きなのは（朝日新聞社 1996）

室町時代から江戸時代に普及した『庭訓往来（ていきんおうらい）』，これは当時寺子屋でつかわれた教科書の一つで，それには点心十五品目のなかに饂飩（うんとん），素麺（そうめん），基子麺（きしめん）という記載があるの。

めん類の嗜好をみると（図Ⅲ -30），うどん好きは全国的で，特に近畿と四国，中国では半分以上の人が好んでいるわね。。

ジオ：讃岐うどんがブレイクしているよね。

グラ：香川県では，1 日に 1 食うどんを食べないと気が済まないという人が多いけど，香川の一人あたりのうどんの年間消費量は 230 玉（2007 年）なの。平均しても 3 日に 2 食はうどんを食べているのね。

次にそばね。従来はそばがき（そばねり）といって，そば粉にお湯をかけて練って餅状にしたものをつゆにつけて食べたの。白砂糖や黒砂糖を入れて食べることもあったのよ。

ジオ：今のように，細く切ってめんにして食べるようになったのは？

グラ：室町時代の後期以降で，江戸時代になるとそば屋がみられるのよ。そばは，通常はつなぎとして小麦粉や卵，山芋を入れて粘り気を出すよね。この小麦粉をつなぎとして入れるようになったのが，江戸中期の元禄末の頃なの。またこの頃から，更科そばのような白いそばを食べるようになったのね。

ジオ：その他のめん類は？

グラ：将来，コメやパンとならぶ若者の主食，これがパスタなの。20 代前半の女性の約半分が好物の一つにこのパスタをあげているのよ。それほどに，今パスタ派が急増して，常食としている人もいるわね。

ジオ：コメの最強のライバルになるね。

グラ：次に肉類だけど，ウシやブタ，ウマ，これらは家畜用として渡来して以来，食用とされてきたの。でも，その起源については定かではないのよ。

ジオ：弥生時代の遺跡からイノブタといって，イノシシとブタのあいの子のようなものの骨が出土しているけど，ブタは縄文時代まで遡るという説もあるよ。

グラ：ウマの渡来については，江上波夫氏の「騎馬民族説」があるわね。

ジオ：これに対して，佐原 真氏は『騎馬民族はこなかった』という本まで出しているよね。これまでのところ，確実なウマの証拠は，山梨県甲府市の塩部遺跡で出土した古墳時代前期の歯の骨で，騎馬民族の活動とウマの骨の出土状況に隔たりがあるね。

グラ：こうした肉類も，奈良時代には仏教の戒律によって，いわゆる四つ足動物のウシやブタ，ウマ，イヌ，そして人間に似たサル，これらの肉を食べることは禁じられたのよ。

ジオ：それまでは，イヌやサルは食用とされていたんだ……。

グラ：このように，肉類一つをとってみても，地域や国，時代による食文化の違いがわかるよね。私たち日本人が，刺身や鯨の肉，馬刺，鹿刺を食べるという食文化は世界でもまれなの。
話を戻して，牛肉食が日本で復活するのは室町時代の後期なのよ。ただし，当時は薬として食していたといわれているの。

◆ 食の東西文化

グラ：次に，食の東西差をみてゆくことにするね。まず，牛肉と豚肉の消費量をみてみると，関西を中心に西日本では牛肉が多くて（図Ⅲ -31），40 年経ってもその消費の多さは変わらないね（図Ⅲ -32）。これに対して，東日本では豚肉がよく食されてきたの（図Ⅲ -33・34）。これらは明治 20 年代になって主要な食料となるの。ただ，沖縄県や鹿児島県では中国の影響で早くから豚肉を食べていたようね。

ジオ：じゃ，なぜこのような東西差ができたの？

グラ：諸説あるけど，平安時代に都を中心に牛車(ぎっしゃ)といってウシを労働や運搬の手段として

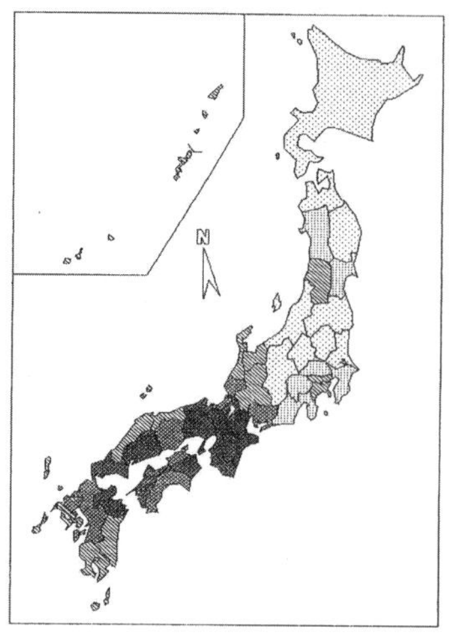

図Ⅲ- 31　牛肉
（鈴木・久保 1980）

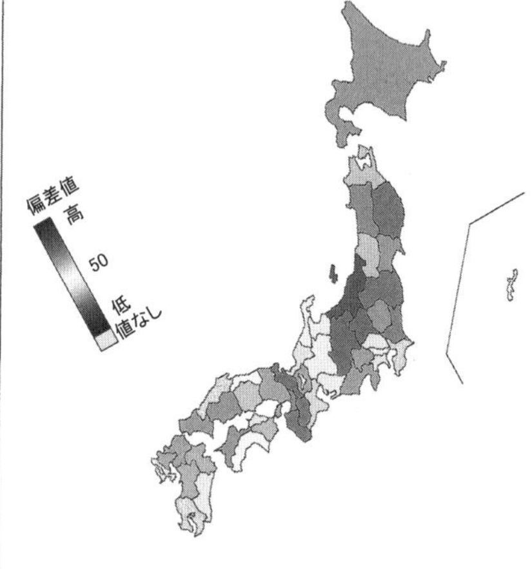

図Ⅲ -32　牛肉
（とどラン HP 2017）

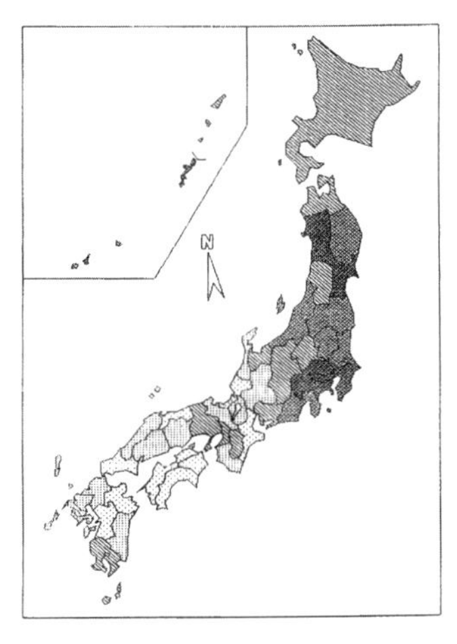

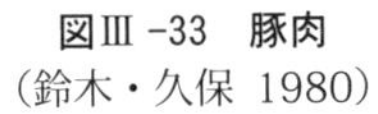

図Ⅲ-33　豚肉
（鈴木・久保 1980）

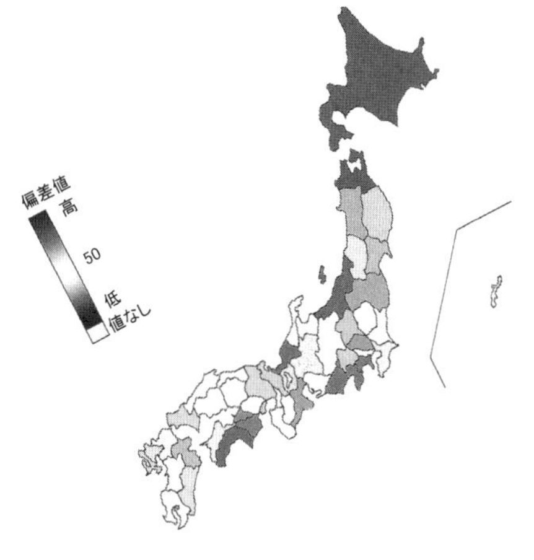

図Ⅲ-34　豚肉
（とどラン HP 2017）

いたの。また，ウシを主に家畜としていた西日本で，牛肉を食する慣習が早くからひろがっていったと考えられているの。一方では，当時の東西の所得格差の違いや東日本の肉食文化の受容の遅れから，東西差が生じたともいわれているのよ。

ところで，肉の焼き加減は細かく分けると 10 種類あるらしいけど，一般的には肉の周りは焼けているけど中は生焼きの状態のレア，程よく火の通ったミディアム，よく火の通ったウェルダンがあるよね。ジオの好みは？

ジオ：僕はレア，タン塩はレアだね。

グラ：肉をおいしく食べる焼き方はミディアムなのよ。

ジオ：そうなんだ。

グラ：これは，肉の表面がグルタミン酸で覆われるからなの。つまり，動物のタンパク質というのはグルタミン酸化する性質があって，中位に焼くことによって肉のもつ旨味を引き出すのよ。肉汁がにじみ出る程度に焼くの。

ジオ：これが肉を美味しく食べるこつなんだ。

グラ：アルゼンチンのアサードといって子牛の丸焼きの料理があるけど（写真Ⅲ-7），これは肉の旨味を引き出す焼き方でミディアムなの。

次に，鶏肉は九州を中心として消費されていたけど（図Ⅲ-35），最近では西日本でもよく消費されているわね（図Ⅲ-36）。ジオ，三大地鶏というと？

ジオ：名古屋のコーチンと……。

グラ：鹿児島県の霧島地鶏，秋田県の比内地鶏ね。またニワトリには 2 種類あって，ブロイラー用と採卵用なの。ブロイラー用は宮崎県と鹿児島県で全国の約 4 割（2016 年）が生産されていて，採卵用のニワトリはレイヤーとよばれていて，茨城県と千葉県，鹿児島県で約 2 割（2011 年）ね。

名古屋コーチンは地鶏といわれているけど，もともとは中国北方原産のニワトリと名古屋の地鶏をかけあわせたもの。これは卵肉兼用でどちらも美味しいわね。

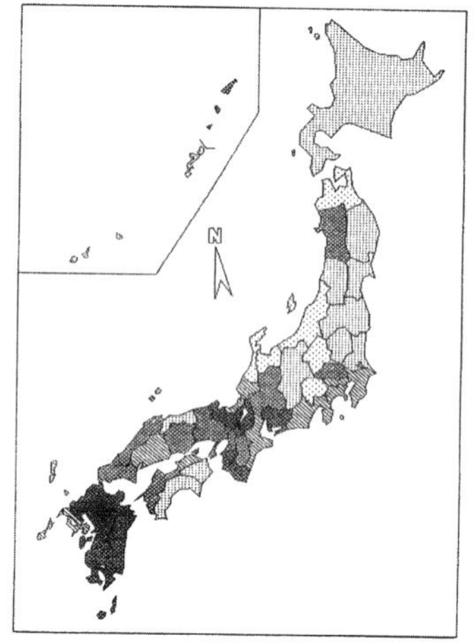

図Ⅲ-35　鶏肉（鈴木・久保 1980）

図Ⅲ-36　鶏肉（とどランHP 2017）

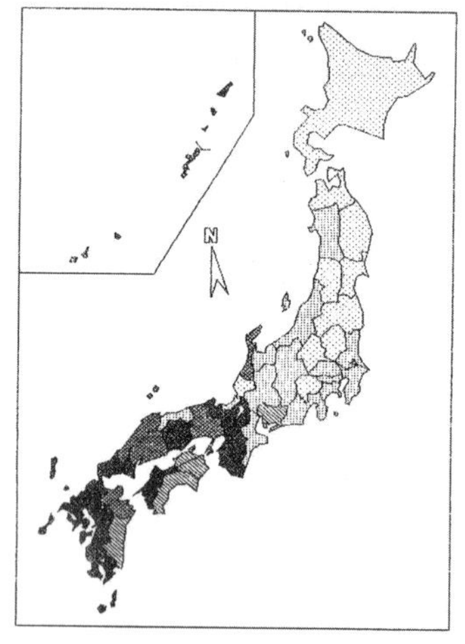

図Ⅲ-37　タイ
（鈴木・久保 1980）

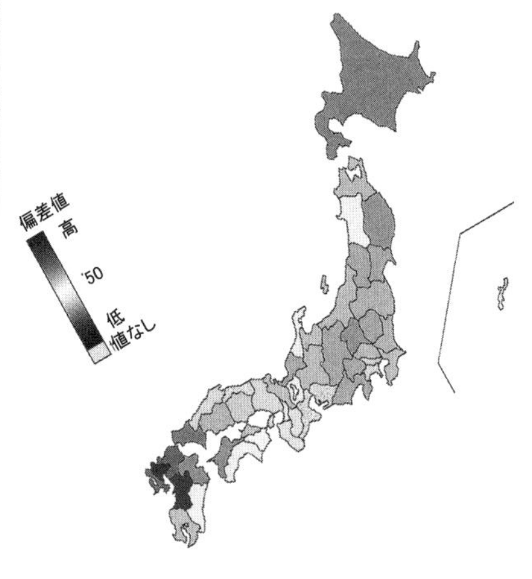

図Ⅲ-38　タイ
（とどランHP 2017）

グラ：次に生鮮魚類だけど，これも東西日本で消費量の違いがあって，西日本では主にタイやサバ，アジ，ブリをよく食べるよね。タイは西日本を中心に食されてきて（図Ⅲ-37），40年後でもその消費の多さは変わらないけど（図Ⅲ-38），意外なことに1位は佐賀県なのね。

お祝い事といえば「めでたい」ということからタイ。縄文時代の遺跡からもタイの骨が出土したり，平安時代中期の『延喜式』には朝廷への貢ぎ物としてタイのことが書かれているの。

ジオ：タイはよく「腐ってもタイ」といわれるけど，どういうことなの？。

グラ：タイは赤身魚と違って，体内の脂肪成分のなかに変質を起こしやすい脂肪酸が少ないの。だから，古くなっても味が変わりにくいのよ。

また，サバは九州を中心として西日本での消費量が多かったけど（図Ⅲ-39），最

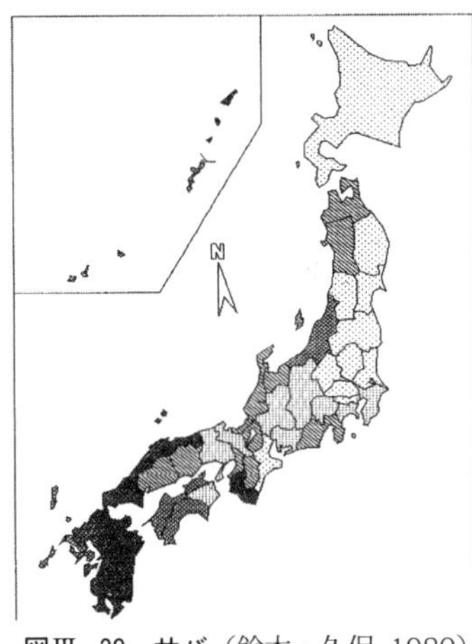

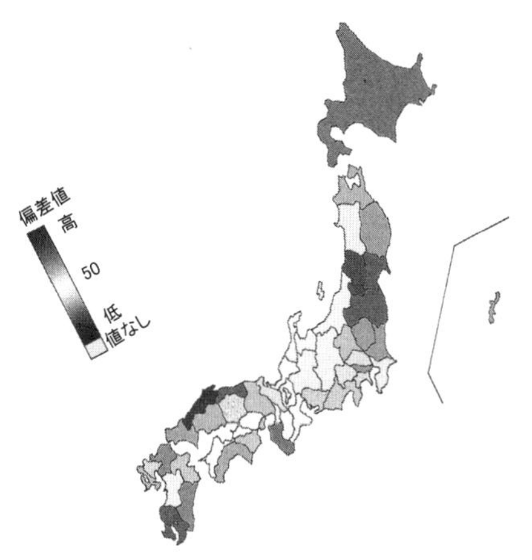

図Ⅲ-39　サバ（鈴木・久保 1980）　図Ⅲ-40　サバ（とどランHP 2017）

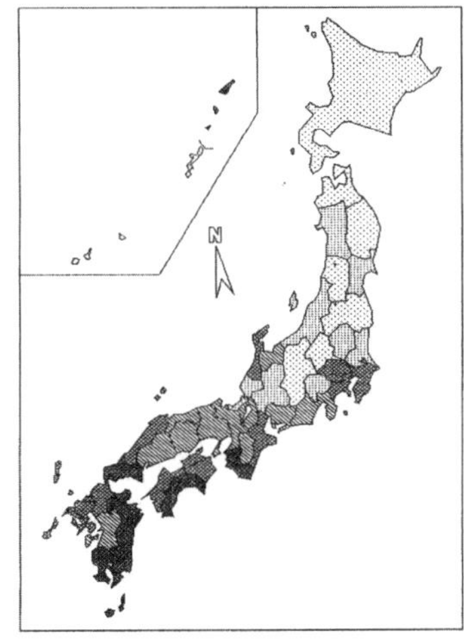

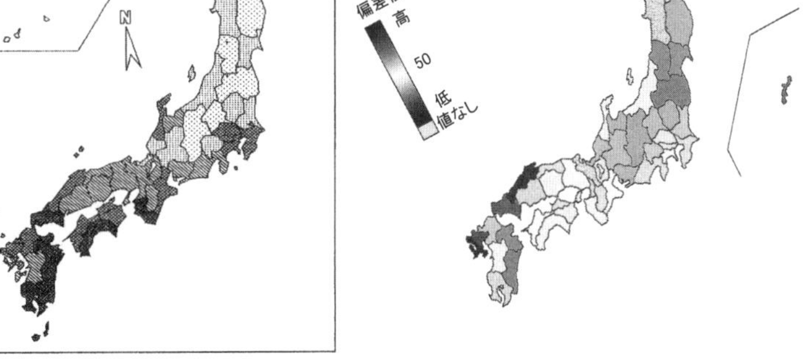

図Ⅲ-41　アジ（鈴木・久保 1980）　図Ⅲ-42　アジ（とどランHP 2017）

近では九州での消費が減ってるの（図Ⅲ-40）。秋サバといわれるように，旬は秋から冬にかけてね。サバは「青魚の王様」といわれるほどに栄養豊富で，サバの脂は血液をサラサラにするの。

ジオ：今，サバの缶詰が評価されているね。

グラ：「サバの生き腐れ」といって，サバはタイと違って腐れやすくて，外見はまだ生きがいいように見えるけど，中身は腐っていることが多いの。
また，アジは西日本の太平洋沿岸を中心に食されてきて（図Ⅲ-41），その消費の多さは最近でも変わらず（図Ⅲ-42），九州と中国地方の消費がめだつね。大分県の佐賀関の「関アジ」に代表されるように，味がいいことから「アジ」という名前になったのよ。アジは魚へんに参と書くけど，参は旧暦の3月で，今の5月が旬だからという説があるの。

ジオ：家庭で一番多く食べられるのがこのアジだね。

グラ：でも，最近漁獲量が減少して特に真アジは高級魚になっているわね。

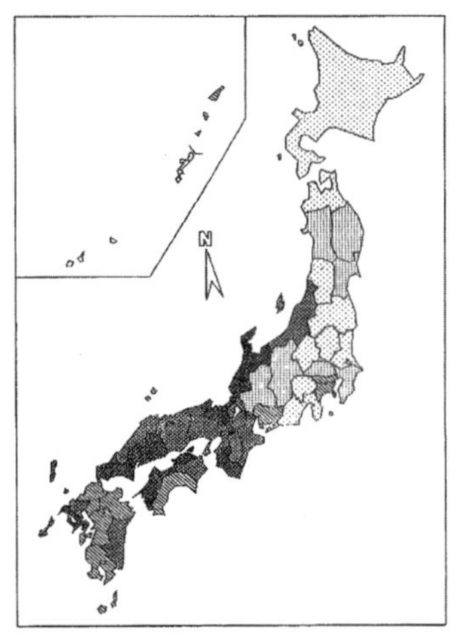

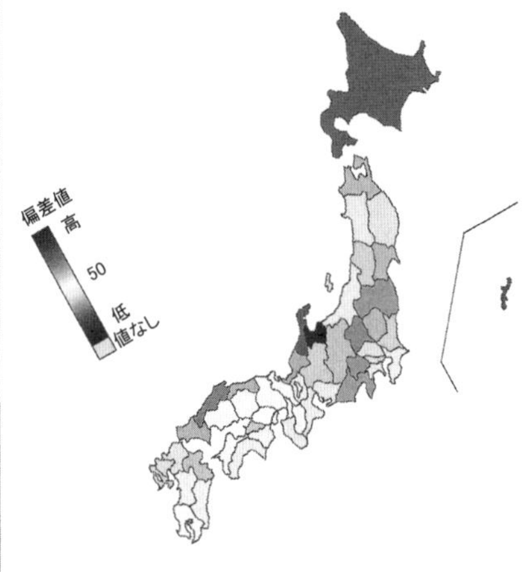

図Ⅲ-43　ブリ（鈴木・久保 1980）　**図Ⅲ-44　ブリ**（とどランHP 2017）

健康ブームのなかで，最近よくいわれるようになってきたのがEPAとDHAだけど，アジにはこのEPAやDHA，ビタミン，カルシウム，タンパク質といった栄養素がバランスよくあるの。このEPAはエイコサ ペンタ エン酸で，Aはacid酸のことね。DHAはドコサ ヘキサエン酸。

ジオ：グラフィー，この覚え方があって，EPAは「いい魚 パクッと食べれば あなたも元気」。DHAは「誰でも ホントに 頭がよくなる」。

グラ：……。
これらはともに血液中の中性脂肪を低下させて，善玉コレステロールを増やして，血液をサラサラにする働きがあるのよ。
次に，ブリはアジ科の魚で，ブリの仲間に寿司屋でよくみかけるカンパチやヒラマサがあるよね。味の点で高級魚とされていて，北陸を中心とした西日本での消費量が多いね（図Ⅲ-43・44）。寒ブリといわれるように，寒い季節ほど脂がのって美味しい。

ジオ：特に富山湾の寒ブリは有名だよね。

グラ：こうした西日本でよく食べられる魚に対して，東日本では主にサケやタラ，サンマの消費量が多いの。

ジオ：サケは東北地方や北海道での消費が多いね（図Ⅲ-45・46）。

グラ：川の上流で生まれたサケの稚魚（ちぎょ）が海へと下って，数年かけて成長した後に，元の川に戻ってくるよね。サケはアイヌ語で「カムイチェプ（神の魚）」とよばれていて，冬を越すための貴重な食料源なの。

ジオ：サケは北日本や内陸部では「塩じゃけ」にして，保存食として利用しているよね。

グラ：最近のサケとマスの捕獲量をみると，北海道を中心に東日本に集中しているね（図Ⅲ-47）。
古い時代から，川を遡上（そじょう）するこのサケやマスを捕獲して，重要な動物性タンパク

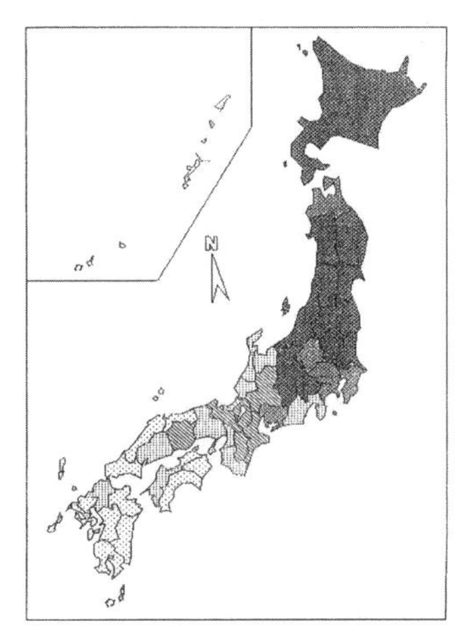

図Ⅲ-45　サケ
（鈴木・久保 1980）

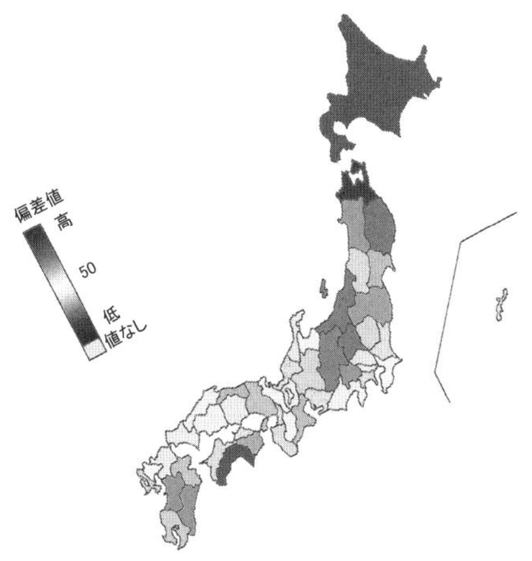

図Ⅲ-46　サケ（とどランHP 2017）

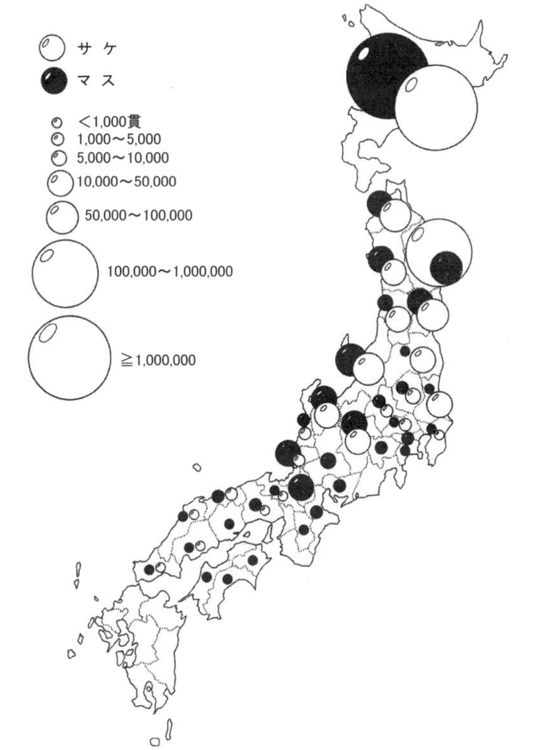

図Ⅲ-47　サケ・マスの捕獲量（鈴木 1978）

源としていたのね。昔は，日本に生息するサケ科魚類の多くをマスとよんでいて，欧米では河川に生息するサケ科魚類の多くをトラウト（trutta），海のサケ科魚類の多くをサーモン（salmon）とよんで区別していたの。でも，マスのなかには海に下るサクラマスや河川に残るヤマメもいて複雑なのよ。

また，タラは寒海魚で北海道や東北，北陸地方で多く消費されてきたの（図Ⅲ-48・49）。

ジオ：鍋といえばタラというほど，冬の定番の魚だね。

グラ：白子のあるオスの方が美味しいし，スケトウダラの卵がたらこや明太子になるのね。朝鮮半島では，スケトウダラのことを明太魚といって，その子だから明太子。

ジオ：たらこと明太子の違いは？

グラ：本来は同じものだけど，塩漬けしたものがたらこで，辛味をつけた調味液に漬けたものが辛子明太子なの。

ジオ：グラフィー，よく「たら腹食う」というよね。

グラ：タラはどん欲なほどに食欲の旺盛な魚で，「タラのようにおなかいっぱい食べる」ところからきているのよ。

また，サンマは北海道から関東地方で多く消費されてきたけど（図Ⅲ-50），最近では関東地方で減って東北地方と北海道で増加しているね（図Ⅲ-51）。夏から秋が旬で，塩焼きは秋の味ね。刺身で食べるようになったのは，比較的最近のことらしい

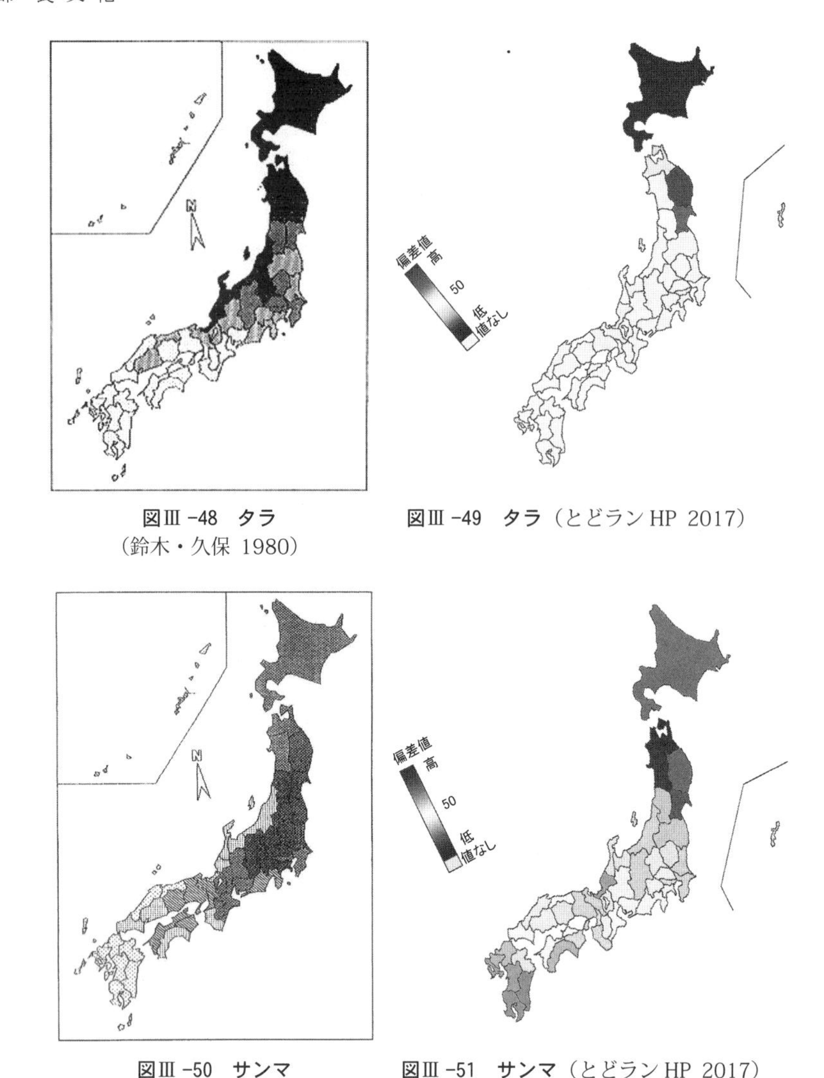

図Ⅲ -48　タラ
（鈴木・久保 1980）

図Ⅲ -49　タラ（とどランHP 2017）

図Ⅲ -50　サンマ
（鈴木・久保 1980）

図Ⅲ -51　サンマ（とどランHP 2017）

の。サンマは良質のタンパク質や脂質，DHA などが豊富で，北海道の根室沖や三陸沖から銚子沖産のものは脂がのっていて美味しいわね。ところが，近畿の尾鷲から新宮産になると，泳ぎ疲れるのか，脂肪分が少なくなっているよね。

ジオ：尾鷲や新宮では，サンマ寿司が有名だね。

グラ：また，消費量の地域差の顕著な例として，カツオとマグロがあって，これらは主に太平洋側で食されているね。カツオは，今も昔も高知県をはじめとして東北地方の太平洋側で多いわね（図Ⅲ -52・53）。カツオは身が「堅い魚」の「カタウオ」が転じてカツオとよばれるようになったといわれているの。

ジオ：それで魚へんに堅いと書くんだ。

グラ：カツオの旬は年に 2 回あって，初鰹の春と戻り鰹の秋なの。春は脂が少なくてさっぱりした味でたたき，また秋は脂がのった刺身が美味しいよね。カツオの水揚げの

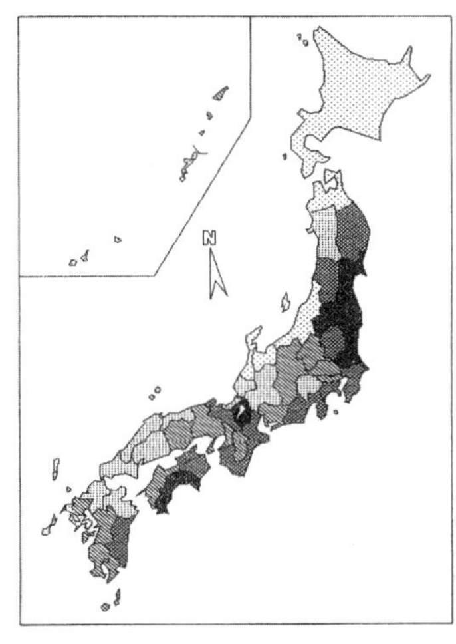

図Ⅲ -52　**カツオ**
（鈴木・久保　1980）

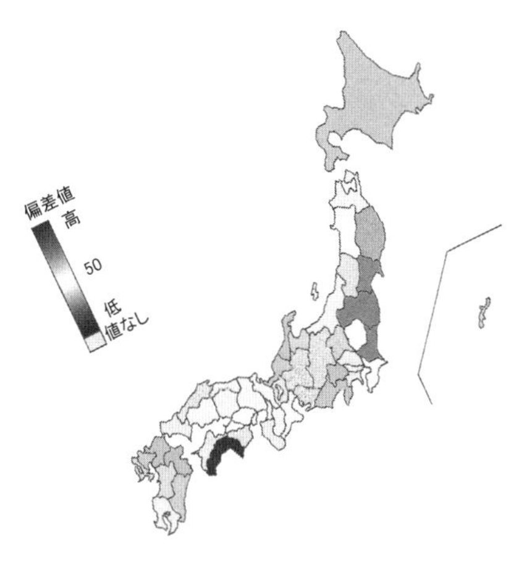

図Ⅲ -53　**カツオ**（とどラン HP 2017）

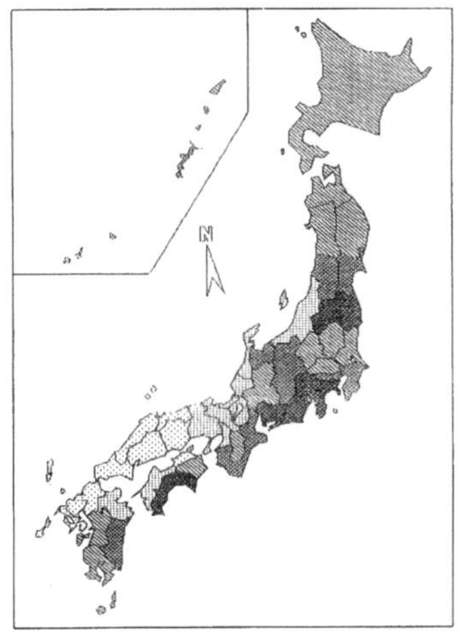

図Ⅲ -54　**マグロ**
（鈴木・久保　1980）

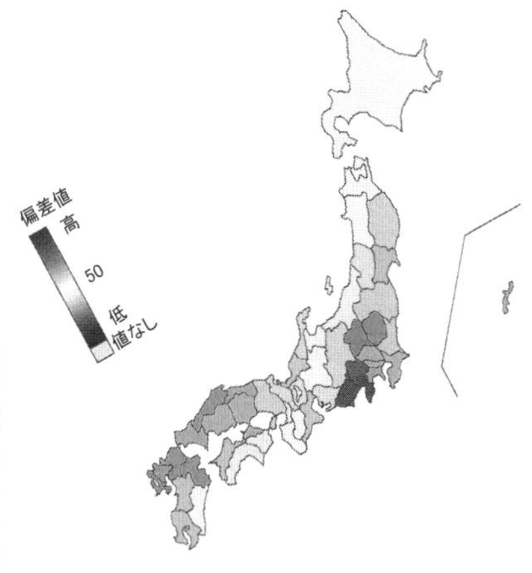

図Ⅲ -55　**マグロ**（とどラン HP 2017）

トップクラスは，静岡県・三重県・東京都の順（2014 年）で，主な水揚げ漁港としては，宮城県の気仙沼や石巻，静岡の焼津，千葉県の勝浦，そして高知県の土佐清水などがあげられるね。

ジオ：高知ではカツオのたたきが有名だね。

グラ：マグロは静岡県を中心に太平洋側で消費されてるね（図Ⅲ -54・55）。マグロは目や背中が黒いからマグロというのが名前の由来なの。ツナサラダのツナ，これはマグロを油漬けにしたものね。

ジオ：縄文時代の貝塚からマグロの骨が出土するほど，日本人との付き合いは長いよね。

グラ：マグロの水揚げは，静岡県，宮城県，高知県の順で（2015 年），主な水揚げ漁港は鳥取県の境港や静岡の焼津，宮城の塩竈（しおがま）などがあるね。
また，イカの消費も日本海側で多いわね（図Ⅲ -56・57）。

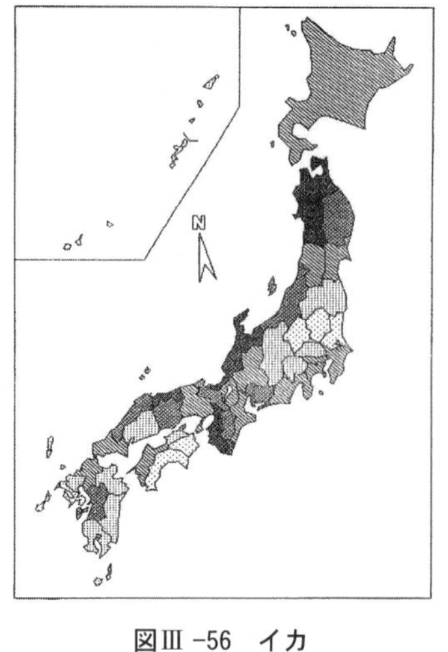

図Ⅲ-56　イカ
（鈴木・久保 1980）

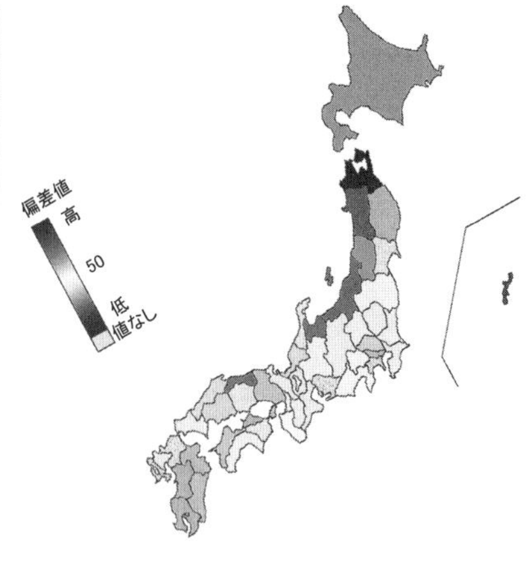

図Ⅲ-57　イカ（とどランHP 2017）

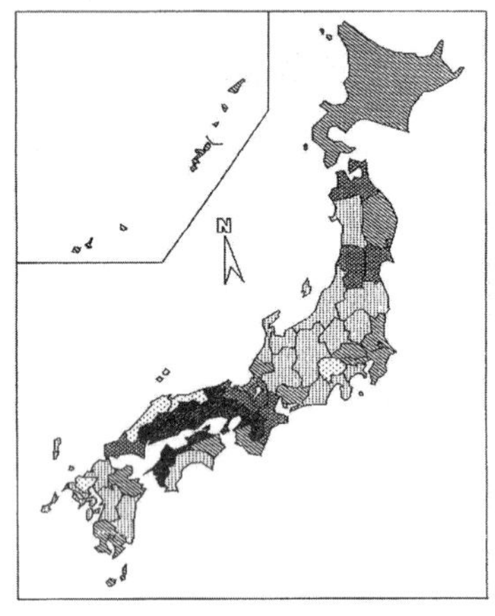

図Ⅲ-58　タコ
（鈴木・久保 1980）

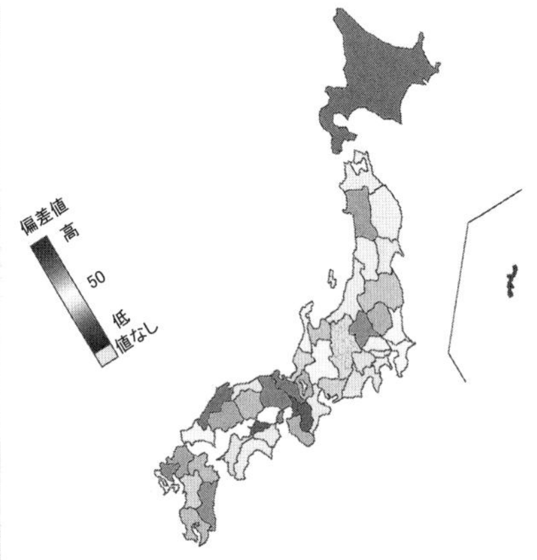

図Ⅲ-59　タコ（とどランHP 2017）

ジオ：いさり火漁として有名だよね。

グラ：イカの水揚げは，北海道，青森県，長崎県の順（2014年）に多くて，イカの消費量は日本が世界一で，捕獲量の4割は日本人の胃袋に入っているのよ。一般的には，スクイッド（squid）といってホタルイカやスルメイカで，カトルフィッシュ（cuttlefish）というとコウイカなどがあるの。イタリア語ではカラマリ（calamari）といって，これは調理されたイカのことで，イカフライやイカリングなどがそうね。また，タコは瀬戸内沿岸から大阪湾岸でとれて消費されてるね（図Ⅲ-58･59）。でも，日本で消費されているタコの8割が，モロッコやモーリタニアなどのアフリカ産が多いの。

ジオ：明石ダコが有名だよね。

グラ：これは1963年の寒波で明石海峡の海水温が低下してタコが死滅したために，熊本県の天草のタコが放流されて，その子孫が明石ダコとなったのよ。

関西では「半夏生（はんげしょう）」といって，夏至の日から数えて 11 日目の 7 月 2 日にタコを食べる地方があって，この日が「タコの日」となったの。また，香川県ではこの日が「うどんの日」で，田植えや麦刈りを手伝った人をうどんでねぎらったの。また，タコの足が 8 本あることから，8 月 8 日も「タコの日」となったのよ。

ジオ：タコ焼きは日本が生んだ世界に誇れ食べ物だよね。

グラ：地中海沿岸のように，タコは古くから重要な海の幸の一つだった地域もあるの。日本と韓国，イタリアではマダコやイイダコが食べられてるの。でも一方では，イカやタコを食べる習慣のない地域も多くて，中東地域や北欧，中欧，北米などのゲルマン系の民族の地域では，宗教上の理由で食習慣がないのよ。

グラ：でも，こうした魚類の消費量は，肉類に対して相対的に減少していて，10 年前と較べると，魚類に対して肉類のメニューが多くなってきているね。

ジオ：確かに。

グラ：その一方では，魚の冷凍化やコールドチェーンの整備，さらには交通網の発達などによって，内陸部での魚類の消費量が増大しているの。山梨や埼玉，群馬，栃木といった内陸県に生鮮問屋や海鮮問屋の出店が目立っているの。

こうした海鮮問屋では，日本海産の魚と静岡県の清水港で水揚げされる太平洋産の魚，そして東京都の築地に集まる全国産の魚が，トラック輸送によって簡単に手に入るようになったの。

次に乳製品についてみると，まず牛乳ね。牛乳の消費量は，1960 年代は県民所得の高さと一致して，太平洋ベルト地帯に集中していたのよ（図Ⅲ -60）。その後，牛乳は全国各地で消費されるようになるの（図Ⅲ -61）。

ジオ：どうして？

グラ：それは，販売方法が変化したためなの。つまり，従来の瓶の宅配から紙パックの店

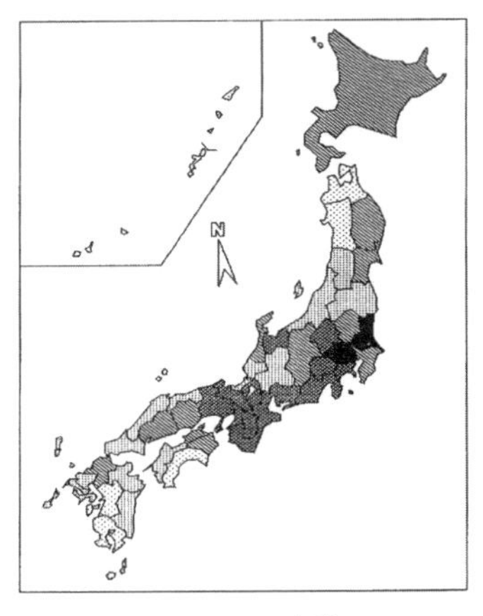

図Ⅲ -60　牛乳
（鈴木・久保 1980）

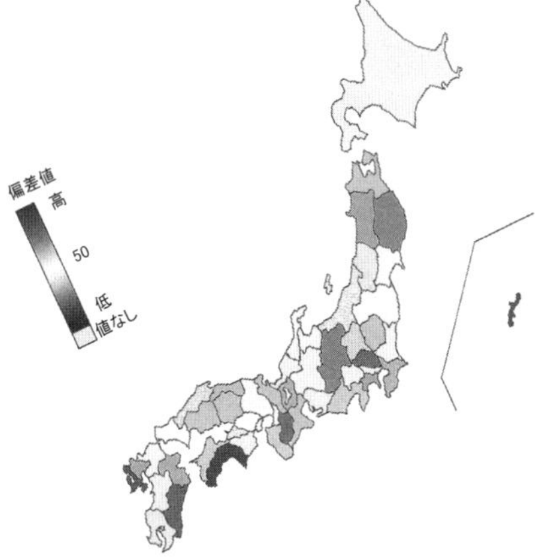

図Ⅲ -61　牛乳（とどランHP 2017）

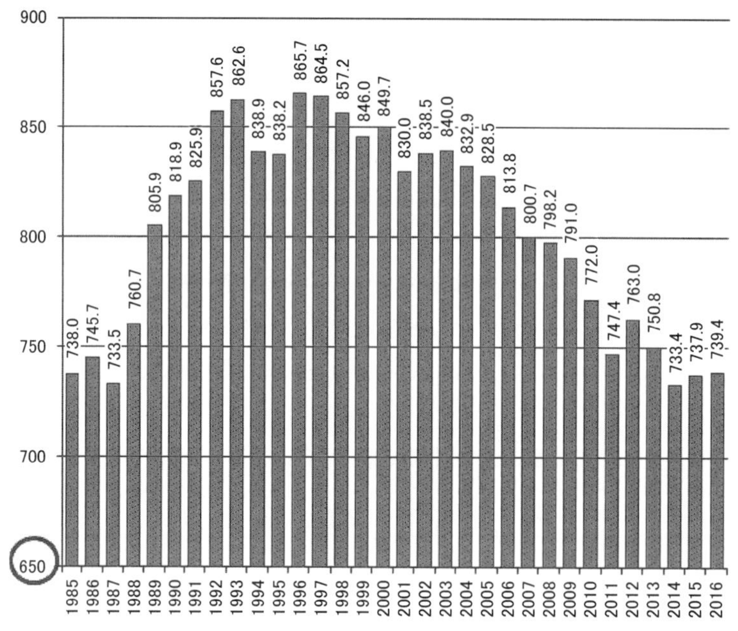

図Ⅲ -62　国内生乳生産量推移（ガベージニュース HP 2018）

売りに変わったことによるの。また，大手乳業メーカーによる販売店の支配，さらには農協や酪農組合による生産が急増したことも，牛乳の消費量の増大につながったの。

ジオ：つまり，販売方法の変化によって，生産が急増して，消費が拡大してきたんだね。

グラ：加えて，スーパーマーケットやコンビニなどでの牛乳の安売りも消費の増大につながったわね。こうして，消費量が増大してきた牛乳も，大手乳業メーカーの事件や少子高齢化などで消費量は減少しているわね（図Ⅲ -62）。

グラ：ところでジオ，朝起きがけに牛乳を飲むとくだすことある？

ジオ：……うん。

グラ：実は日本人には多い傾向なのよ。

ジオ：女性の便秘の解消法としては，この起きがけの牛乳はお薦めだね。

グラ：……。

でも，赤ちゃんをみて。オッパイやミルクをいくら飲んでも，黄緑色の元気なウンチよね。また，欧米人や西アジアの人はミルクを飲んでも下痢しないのよ。

ジオ：どうして？

グラ：これは，日本人の体質からきているの。日本人の多くはラクトースという乳糖の消化酵素のラクターゼが，2・3 歳でなくなってしまうからなの。

ジオ：逆にいうと，赤ちゃんはラクターゼを多く持っているからなんだ。

グラ：これは，日本人と欧米人との食習慣の違いからきているの。つまり，植物類を主要食料とする日本人タイプと，動物類を主要食料とする欧米人タイプの違いによるも

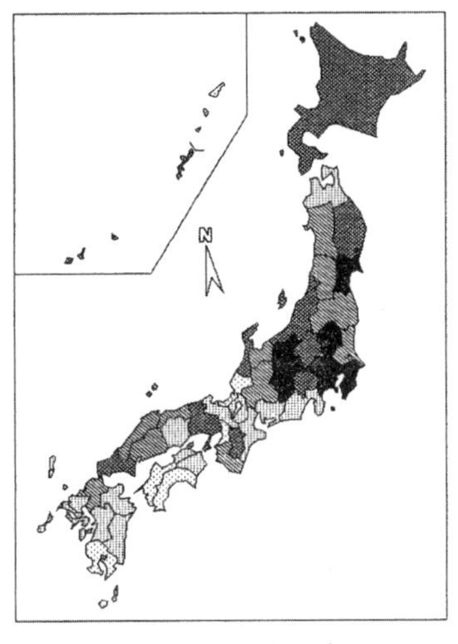

図Ⅲ-63　チーズ
（鈴木・久保 1980）

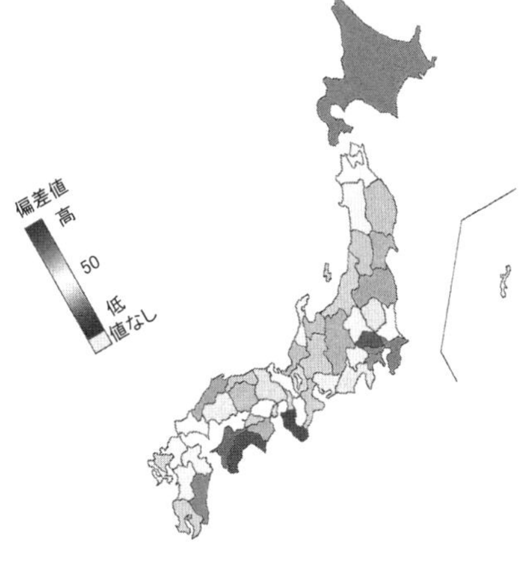

図Ⅲ-64　チーズ（とどランHP 2017）

のなのね。
こうした食習慣の違いが，DNAという遺伝子で子孫に伝えられていて，日本人と欧米人との牛乳に対する身体の反応の違いとしてあらわれているの。
また，チーズはパンと同様に，1960年代では大都市と生産地の北海道での消費が多いし（図Ⅲ-63），最近でも北海道と関東地方での消費量の多さは変わらないね（図Ⅲ-64）。

ジオ：東日本の人は，味の濃いものや臭いものを好む傾向があるのかな。

グラ：その他の乳製品としてマーガリンがあるけど，これはギリシア語で「真珠」を意味するマーガライトからきていて，1869年に化学者のメージュ・ムーリエという人が，このマーガリンの製造法を考案するの。今はダイズとかコーンといった植物性の油を使ったマーガリンが多いけど，当時は動物の油もまぜてバター状に製造していたようよ。

グラ：次に野菜についてみてみるね。野菜は，東日本の日本海沿岸と内陸での消費量が多く，最近でもこの傾向は変わらないね（図Ⅲ-65・66）。これは塩の摂取量（図Ⅲ-67・68）と比較しても同じような傾向なの。

ジオ：野菜と食塩の摂取量との関係が対応しているね。

グラ：つまり，漬物の原材料としてこれらが利用されているのね。東日本では，冬場の漬物への依存が高くて，雪で野菜がとれない地域では，漬物は冬場の重要な保存食で，植物タンパク源となるの。加えて，東北日本は遠郊農業地域で大都市向けの野菜の生産が多いこともあって消費量も多いのね。

ジオ：東北地方の人は脳卒中による死亡率が高いといわれているよね。

グラ：そう。10万人あたり100人以上（図Ⅲ-69）といわれているけど，その原因の一つは塩分の多い食生活ではないかと考えられているの。

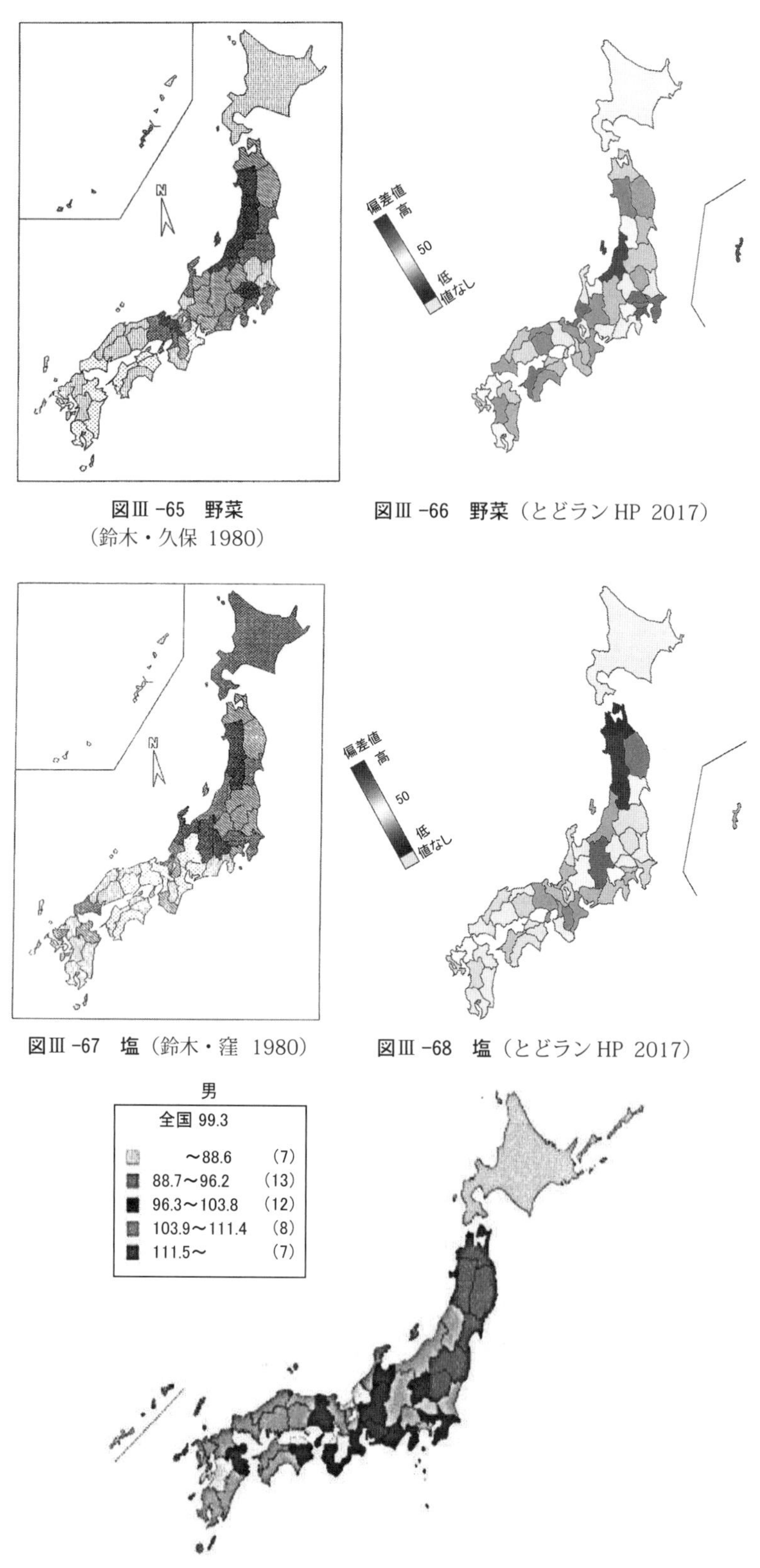

図Ⅲ-65　野菜
（鈴木・久保 1980）

図Ⅲ-66　野菜（とどランHP 2017）

図Ⅲ-67　塩（鈴木・窪 1980）

図Ⅲ-68　塩（とどランHP 2017）

図Ⅲ-69　脳卒中死亡率の全国分布（日本医療機能評価機構HP 2018）

図Ⅲ -70 パーゴラ（三重県 1994）

グラ：ところで，野菜は最近では，畑からではなくて工場から出荷されているものが増えてきたよね。私たちが食べている野菜が，近い将来，植物工場から工業製品のように，しかも画一的なものが生産システムにのってつくられてゆくといわれているの。

ジオ：実際にクローン野菜も多くなってきたよね。

グラ：また，これからの野菜は露地栽培ではなくて，培養液で育てる「水耕栽培」に変わってゆくといわれているの。

ジオ：いわば「土を離れた農業」だね。

グラ：私たちが今見ている農村風景が，将来は「プレハブの野菜工場」に変わってゆくといわれているの。

1994 年に，世界祝祭博覧会が三重県伊勢市のサン・アリーナというところで開催されたことがあるの。会場のメインゲート付近に「人と技術の広場」というのがあって，「パーゴラ」（図Ⅲ -70）とよばれるミニトマトなどの野菜や果物の水耕栽培がされていたのよ。水で野菜や果物をつくるというものなの。

ジオ：21 世紀の日本の農業のあり方を象徴しているね。

グラ：これは，アニメの「となりのトトロ」でみた有機農法でつくられた野菜とは異質のものよね。「トトロ」では環境破壊を間接的に訴え，さらに自然と人間との調和の大切さ描いているよね。

ジオ：「ばあちゃんの畑のものを食べりゃ，すぐ元気になる」，また「おてんとうさまをいっぱいあびたやさいは，からだにいいんだよ」というセリフが印象的だったね。

グラ：日本の農業は，コストがかかってもこうした有機農法や無農薬による作物の生産を，国が積極的に補助して進めるべきだと思うの。

グラ：次にイモ類をジャガイモとサツマイモでみてみるね。ジオ，ジャガイモの主要産地

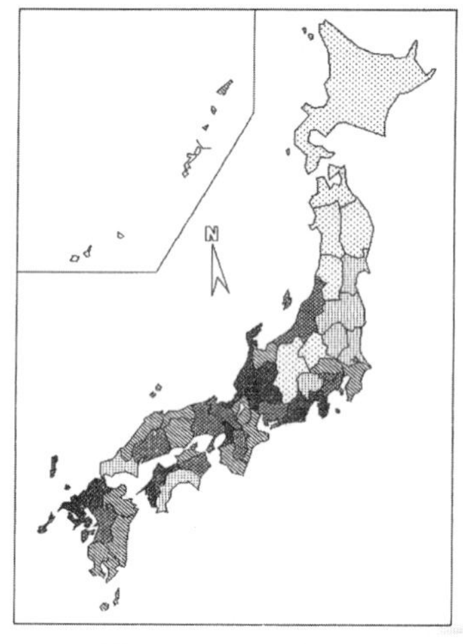

図Ⅲ-71　ジャガイモ
（鈴木・久保 1980）

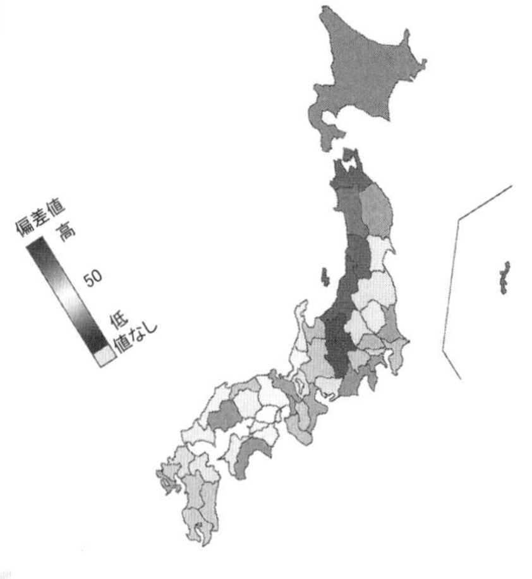

図Ⅲ-72　ジャガイモ（とどランHP 2017）

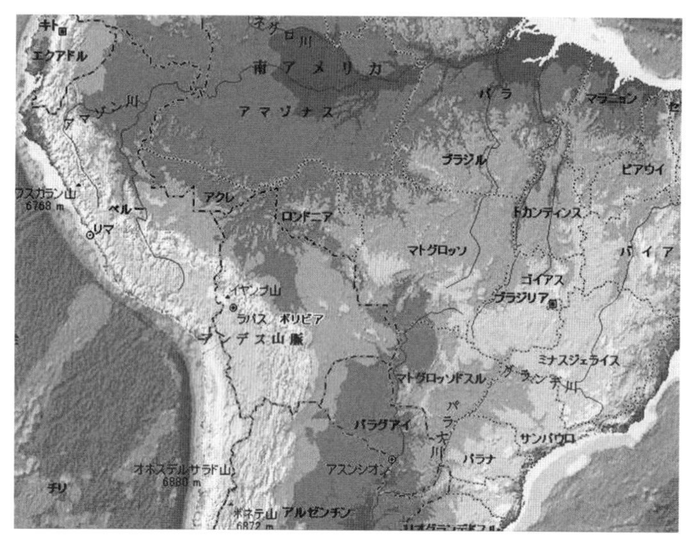

図Ⅲ-73　チチカカ湖周辺（マイクロソフト 2001）

写真Ⅲ-25　ジャガイモの花
（ジャガイモ博物館HP 2008）

というと？

ジオ：北海道だよね。

グラ：実際に消費されている地域をみると，ジャガイモの需要はこれまで西日本が多かったけど，最近では徐々に東日本にシフトしているね（図Ⅲ-71・72）。
ジャガイモの原産地は南米のペルーとボリビアとの国境地帯のチチカカ湖周辺とされているの（図Ⅲ-73）。ジャガイモは当初は食用としてではなく，花の観賞用として栽培されていたのよ（写真Ⅲ-25）。

ジオ：ジャガイモはナス科の植物で，花はナスに似ていて，いろいろな色の花が咲くんだよね。

グラ：ところで，このジャガイモという名称だけど，インドネシアのジャワ島（図Ⅲ

図Ⅲ -74　インドネシア（マイクロソフト 2001）

-74）のジャカトラ，現在のジャカルタという川の河畔に，オランダ人が建設した商業団地の名前からきているの。

ジオ：これが首都のジャカルタの地名になったの？

グラ：そう。安土・桃山時代にオランダがここを東洋貿易の基地として，そこから輸出されるイモがジャガタライモといわれたの。これを略してジャガイモの名称となって，それが日本に伝来したの。

ジオ：いつ？

グラ：日本への伝来については2説あって，一つは1598年（慶長3年），もう一つは1603年（慶長8年）にオランダ船によって長崎の平戸に伝来したとするものなの。そしてその後，寛政年間（1789 ～ 1800年）に最上徳内がロシア人から入手して，北海道や東北地方に伝えたとされているの。日本各地に普及したのは明治時代で，アーリー・ローズ種が1827年(明治10年)に札幌農学校で初めて栽培されてからね。また，アイリッシュ・コブラー種は1907年（明治40年）に川田龍吉男爵が早生で収穫量の多いジャガイモをアメリカから輸入して，その後品種改良を加えたものなの。これがよくコロッケに使われる男爵イモで，関東でよく食べられるジャガイモね。

ジオ：関西ではメークインが多くて，肉じゃがなどの煮物によく使われるよね。

グラ：日本でのジャガイモの生産をみると，北海道の78%，長崎県の4%，鹿児島県の4%の順位なの（2014年）。長崎では水田の裏作として，ジャガイモを栽培しているのよ。生産量は圧倒的に北海道が多いね。

ジオ：「サッポロポテト」というぐらいだものね。

グラ：……。

ただ，北海道での食用じゃがいもの生産は実は３割で，あとの大半は加工用や工業原料用，つまりデンプン用なの。

ジオ：なぜ西日本でジャガイモの消費量が多いの？

グラ：西日本の方が肉類，特に牛肉の消費が多くて，肉じゃがのように肉とともに食されてきたといわれているのよ。

ジオ：肉じゃがの肉は？

グラ：これは東西で違っていて，西日本が主にウシで，東日本がブタ。

ジオ：カレーの肉は？

グラ：西日本が主にビーフで東日本がポーク，沖縄ではチキン。でも今は，カレーのチェーン店が全国にできて，肉だけじゃなくて魚介類や野菜まで使われるようになってきたために，地域性がなくなってきたわね。

ジオ：……。

グラ：次にサツマイモについてみると。

ジオ：名前から鹿児島県産を連想をするけど。

グラ：サツマイモはこれまで東日本でよく消費されてきたのよ (図Ⅲ -75)。でも最近では，西日本の特に徳島県と九州での消費が多くなっているわね (図Ⅲ -76)。

ジオ：サツマイモのルーツとルートは？

グラ：原産地はメキシコで，日本では江戸時代から栽培が始まったとされているの。サツマイモは，フィリピンから中国に 1594 年（文禄３年）に伝わって，日本へは中国から沖縄県に 1604 年（慶長９年），沖縄から 09 年（同 14 年）に千葉県の銚子と 17 年（元和３年）に鹿児島県の坊の津に伝わったとされているの。日本各地へは千葉から普及していったこともあって，東日本での消費量が多かったのよ。

サツマイモの名称だけど，日本では，一般的にはサツマイモやカンショイモという

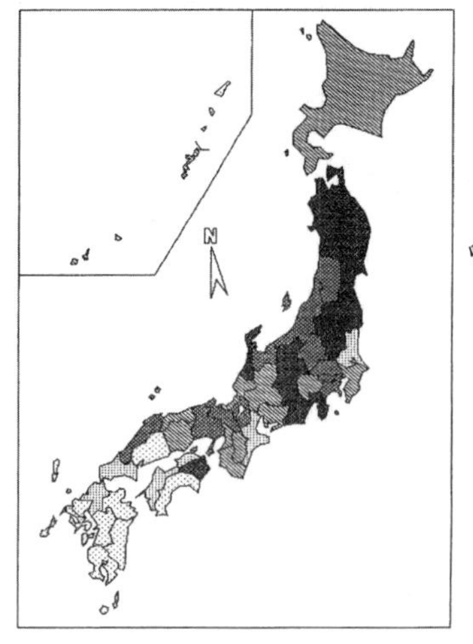

図Ⅲ -75　サツマイモ
（鈴木・久保 1980）

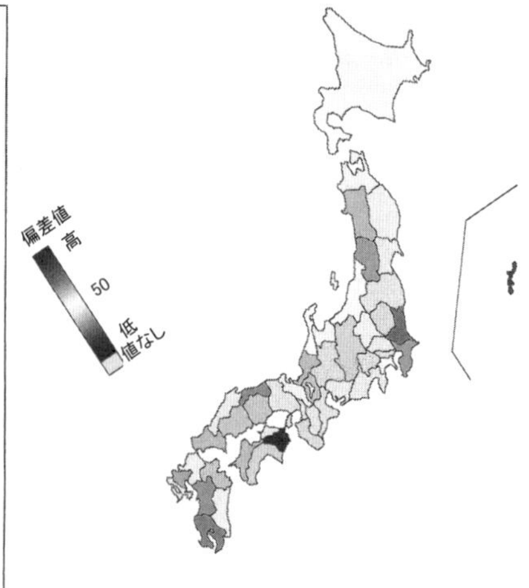

図Ⅲ -76　サツマイモ
（とどランHP 2017）

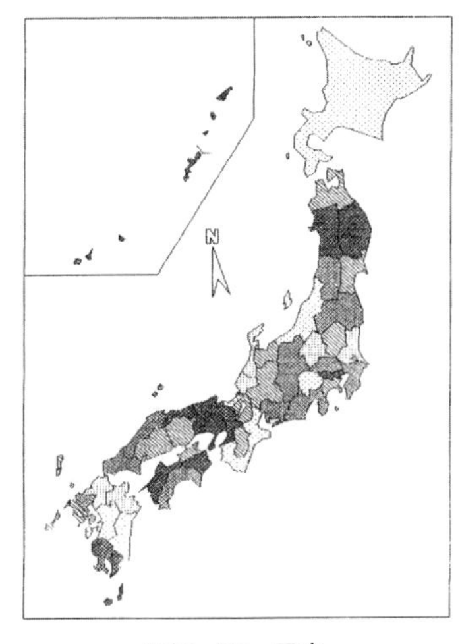

図Ⅲ -77　豆腐
（鈴木・久保 1980）

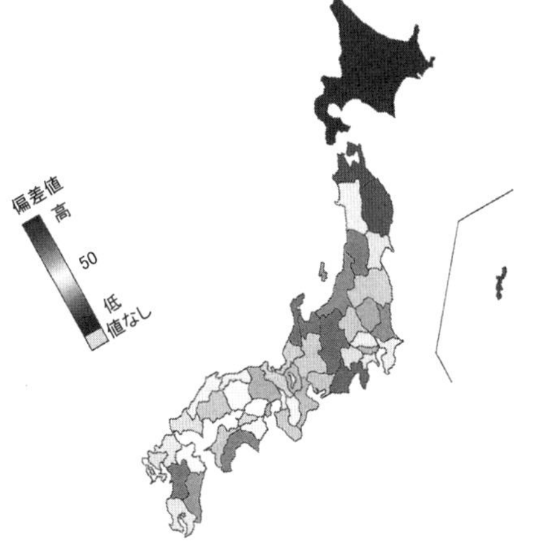

図Ⅲ -78　豆腐（とどランHP 2017）

けど，鹿児島では琉球イモといっているわね。

ジオ：宮崎県や熊本県では唐イモ，つまり「とうのイモ」といっているね。

グラ：次に豆腐だけど，以前は消費の地域差はなかったけど（図Ⅲ -77），最近では北海道をはじめとして東日本での消費がめだつわね（図Ⅲ -78）。この豆腐は，中国の前漢の時代に，淮南王の劉安が考案したとされていて，日本へは奈良時代に中国の禅僧によって伝えられるの。奈良の春日大社の平安末の記録に「豆腐」という記載があって，当時の製法は湯葉なの。

ジオ：ゆば？

グラ：このゆばもいろいろな表現があって，「湯波」や「湯皮」，「豆腐皮」，あるいは「油皮」と書く場合もあるの。また，「うば」といういい方もあって，これは豆腐の皮が老婆のしわに似ているところからきているのね。

ジオ：老婆のしわ……。

グラ：このゆばは，豆乳に食用の黄粉を加えて煮立てた後に，上面の薄い膜をすくい上げて作ったものなの。タンパク質に富む栄養食品で，京都府の生ゆばと栃木県日光の干しゆばが有名ね。
ところで，この豆腐はもともと家庭内での製造はできなくて，しかも柔らかいから輸送も難かしかったのね。

ジオ：従来は自転車やリヤカーにのせて近所を売り歩いていたらしいね。

グラ：それがその後，スーパーでパック入り豆腐が販売されるようになるのね。これが画期となって，豆腐の消費量と消費地が拡大していったの。

グラ：次に納豆だけど，納豆は東洋のチーズともいわれるの。ジオ，納豆は好き？

ジオ：大好き。

グラ：納豆の消費は地域差があって，これまでも東日本での消費が多かったけど（図Ⅲ

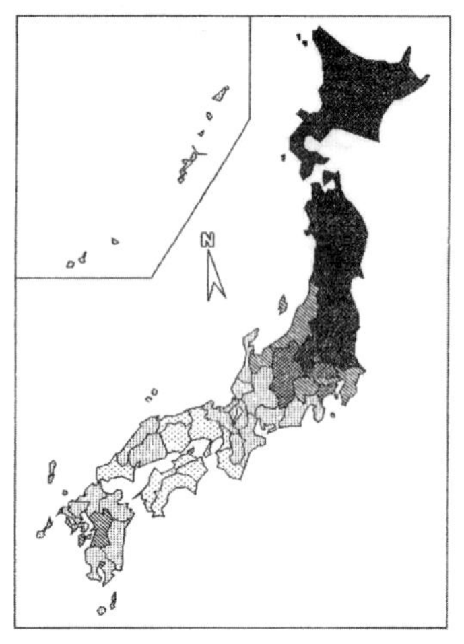

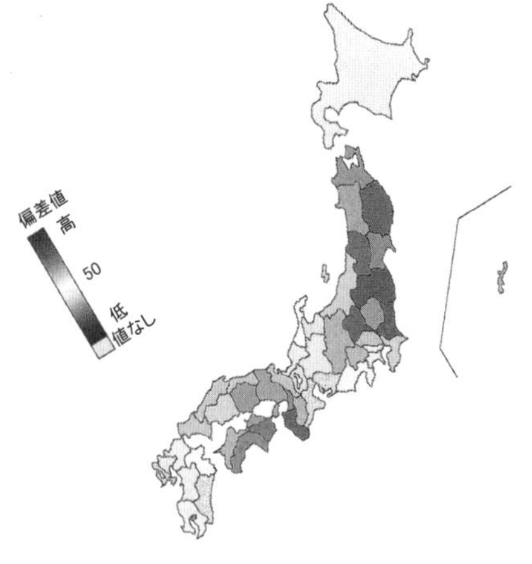

図Ⅲ -79　納豆（鈴木・久保 1980）　**図Ⅲ -80　納豆**（とどランHP 2017）

-79），やはり東北地方や水戸納豆に代表される北関東が多いね（図Ⅲ -80）。

納豆の発祥地は秋田県といわれていて，当時の納豆はダイズを煮て「わらずと」とよばれるわらでつくった包みに入れて，修験道などの山岳修業者とか旅人，僧侶が持ち歩いていたのね。そのうちに自然に発酵したものを食べていたのよ。当時は，今の納豆のように糸引きがなくてボソボソとしたものだったのよ。

この納豆の製造は，その後京都市の紫野にある大徳寺の僧侶の間で広まっていくの。これが紫野納豆という大粒の納豆で，この大徳寺の精進料理は有名なのよ。

ジオ：なぜこの納豆が西日本に広まらなかったの？

グラ：西日本では気温がやや高いために，雑菌が繁殖しやすい風土だからなの。納豆はダイズを納豆菌で発酵させてつくるけど，発酵すると50度近くまで発熱するの。今では流通機構の発達，つまり冷凍技術や輸送手段の発達で，消費圏が九州や沖縄県にまで拡大しているのよ。

ジオ：納豆を好む人たちが全国的に増えてるね。

グラ：次に調味料をみてみるね。これまで，味に対する嗜好の違いや地域差をみてきたけど，実は調味料についても同じ事がいえるのよ。

ジオ：調味料でも？

グラ：特に調味料に対する個人的な嗜好の違いが顕著なの。この調味料ごとに消費量の地域差をみてゆくね。まず塩だけど，これは野菜のところでみたように，漬け物の消費が東日本で多いことから，その材料としての塩の消費量も多いわね（図Ⅲ -67・68）。特に青森県がトップで，三大死因のガンや心筋梗塞などの心疾患，脳梗塞などの脳血管の疾患での死亡率が男女とも高いの。

ジオ，塩のことを英語で？

ジオ：ソルト（salt）だよね。

グラ：そうね。これはラテン語でサール（sal）といって，「塩水・海水」を意味するの。
ジオ：料理の旨い・まずいの決め手は，この塩加減にあると聞いたけど。
グラ：そうね。塩にも美味しい塩というのがあって，以前流行っていた「にがり」，つまり塩化マグネシウムが適度に含まれているものね。塩化マグネシウムが2～3%，あとは塩化ナトリウムが95%と水分その他なの。
ジオ：僕たちがふだん使っている塩は？
グラ：塩化ナトリウム100%のサラサラとした塩ね。

◆ サラリーと塩

グラ：この塩は古代から非常に大切なものとして扱われてきたのよ。古代ローマでは，兵士達に労働賃金として塩を支払っていたの。サラリー（salary）という言葉があるけど，これはサール（sal）＋アリウム（ariumu）つまり「塩の値段」のことなの。昔は給料の一部を塩で支払っていたのね。
ジオ：給料のことをサラリー（salary）というのはこのため？
グラ：そう。古代ギリシアでは，奴隷を雇う際に奴隷と同じ体重の塩と交換したの。
ジオ：つまり，当時塩は人間と同等の価値があったんだ。
グラ：さらに遡って，古代エジプトでは塩を防腐剤として利用しているのよ。たとえば，ミイラ（mirra）という言葉は，ポルトガル語で「塩漬け」という意味だけど，ミイラは死体を2ヶ月間塩水に漬けた後に薬に浸すのね。
ジオ：人体の塩漬け……。
グラ：また，サラダ（salad），これもラテン語のサール（sal）からきているの。英語でサラッド（salad）というのは，「塩で味をつける」という意味なの。
ジオ：サラダはもともとは塩をふりかけて食べるものだったんだ。
グラ：サラミソーセージ（salami sausage）のサラも同じなの。これは豚肉に塩とニンニクなどの香辛料で味付けをしたイタリア原産の肉の加工品なのよ。ソーセージ（sausage）は，ドイツ語のザウsau「ブタ」とスパイスのセージ（sage）がくっついたという説とラテン語のサルシキア（salsicia）「塩漬け」からきているという二つの説があるの。
ジオ：また，砂糖の消費の地域性はあまりみられず，長野県の多さも変わらないね（図Ⅲ-81・82）。
グラ：喫茶店ででるスティックシュガーは，以前は西本では6gのもの，東日本では3gの細いものがあって，東西で砂糖の嗜好に違いがあったのよ。

グラ：また，味噌は原料や色，味によってもさまざまで，また各地の気候環境の違いによっても生産地と味噌の種類が違うの。味噌の東日本での消費量の多さは変わらず，信州味噌の長野県が1位ね（図Ⅲ-83・84）。

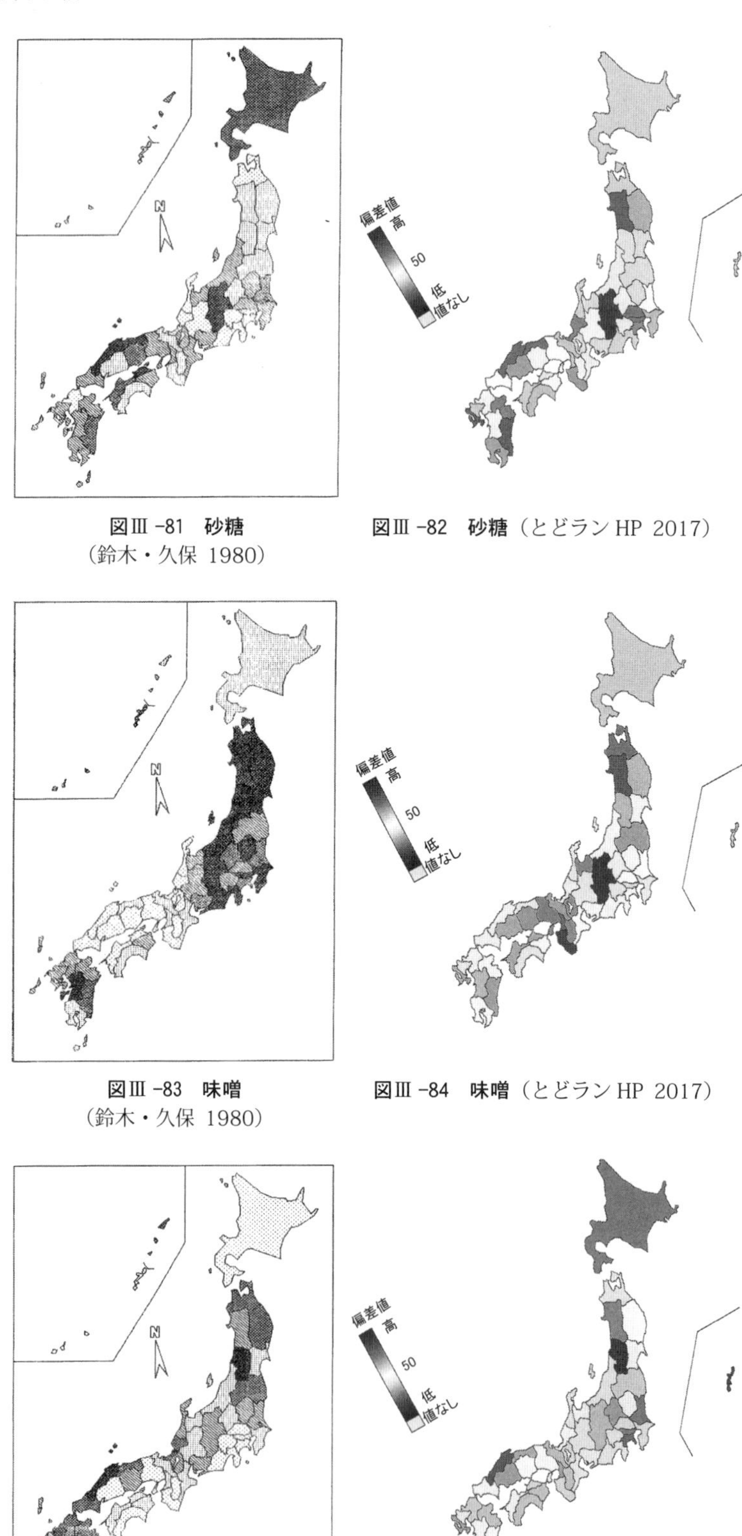

図Ⅲ-81　砂糖
（鈴木・久保 1980）

図Ⅲ-82　砂糖（とどランHP 2017）

図Ⅲ-83　味噌
（鈴木・久保 1980）

図Ⅲ-84　味噌（とどランHP 2017）

図Ⅲ-85　醤油
（鈴木・久保 1980）

図Ⅲ-86　醤油（とどランHP 2017）

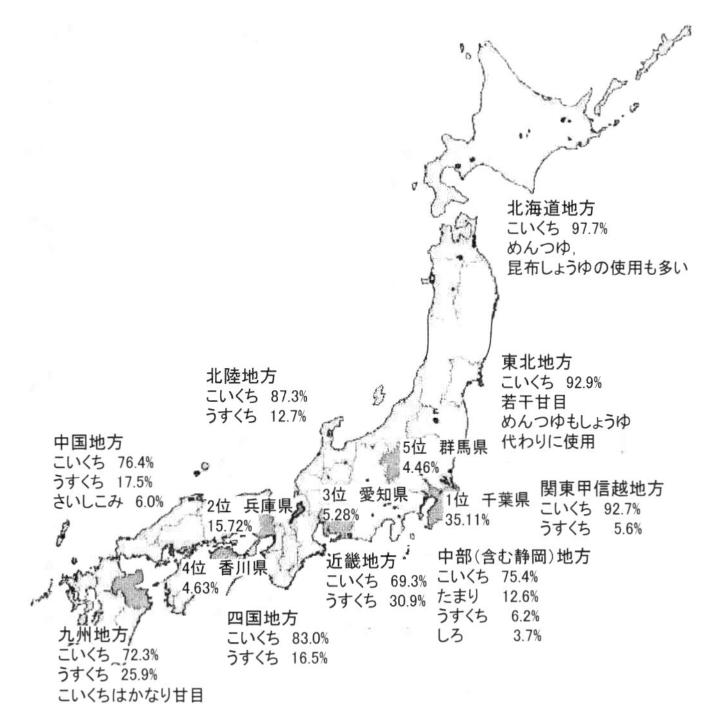

図Ⅲ -87　しょうゆの嗜好性と出荷量（しょうゆ情報センター HP 2018）

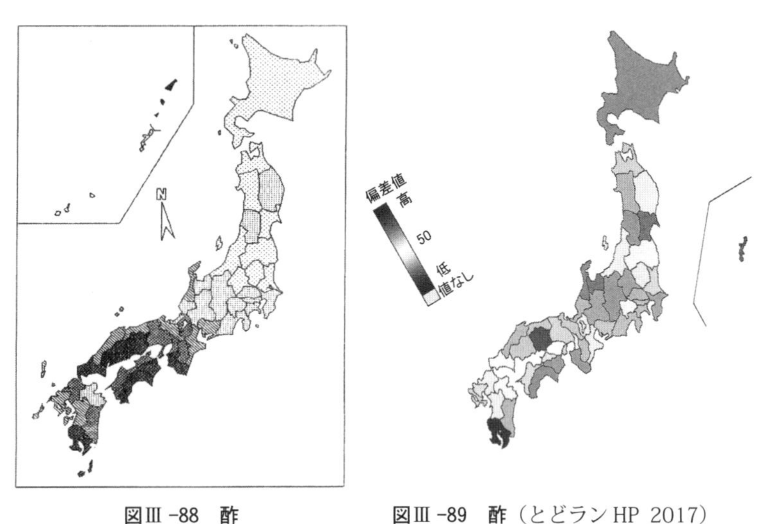

図Ⅲ -88　酢
（鈴木・久保 1980）

図Ⅲ -89　酢（とどラン HP 2017）

醤油は，以前は東日本で多く消費されていたけど（図Ⅲ -85），最近では地域差がなくなりつつあるわね（図Ⅲ -86）。また，醤油の種類と出荷の分布をみると，千葉県を中心に全国で各種の醤油が生産されているよ（図Ⅲ -87）。

ジオ：酢は西日本の特に鹿児島県と岡山県での消費がめだつね（図Ⅲ -88・89）。

グラ：これは，西日本の温暖湿潤な気候が発汗作用を促すからだといわれているの。

ジオ：こうしてみると，調味料の嗜好は全般的には「東濃西薄」だね。

グラ：関西の薄味とよくいうよね。たとえば，薄口醤油は色が薄いけども塩分は多いのね。京都の白味噌は匂いなどが極端に押さえられているから味は薄く感じるのよ。

ジオ：関東の人には，関西のそばやうどんが水っぽくみえるんだよね。つまりコクのない間の抜けたものにみえて，そばやうどんに醤油をかけて食べたことのある関東の人がいるんだよ。逆に，関西の人にいわせると，「ドンブリの底の見えない黒くにごった関東のそばやうどんが食べれるか」ということになるらしいんだ。

グラ：ところで，出汁（だし）をとる時によく昆布をつかうけど，池田菊苗氏がこの昆布にグルタミン酸のあることを発見するの。これが旨味の素（もと）なの。またその後，かつおぶしにはイノシン酸，しいたけやまつたけにはグアニル酸という旨味の素のあることがわかってきたのね。

ジオ：隠し味というのがあるよね。

グラ：これを，化学調味料を入れて旨味を出すと誤解をしている人がいるわね。味噌汁に砂糖を少々，八丁味噌の場合は醤油を数滴。これが旨味を引き立てるコツなのね。

ジオ：とはいっても，僕たちにはこの違いはよくわからないな。

◆ 発酵品はお好き？

グラ：次に発酵品だけど。

ジオ：発酵と腐敗は違うの？

グラ：有機物が微生物の働きによって分解されるメカニズムは同じだけど，食べ物につく微生物の種類が違うの。発酵の場合は食品を分解して無害・有用の物質をつくり出して，人が必要な栄養をつくるけど，腐敗の場合は食品を分解して有害物質をつくり出して毒素を出したり，悪臭を放つの。たとえば，牛乳はほっておくと腐敗するけど，発酵すると？

ジオ：ヨーグルトになる。

グラ：この微生物は地球上に約 40 万種類あるといわれているの。そのうち，食べ物を発酵させる微生物は 6 種類で，乳酸菌，納豆菌，麹（こうじ）菌，酵母菌，酢酸菌，そして酪酸菌ね。なかでも，麹菌は日本人の食生活には重要な微生物で，味噌や醤油，清酒や焼酎，漬物などに麹がつかわれているの。麹菌は，デンプンをブドウ糖に，タンパク質をアミノ酸に分解し，旨味成分に変える性質が強いのよ。

ジオ：発酵食品はいつからあるの？

グラ：約 8000 年前から存在するらしいの。日本には全部で 30 種類の発酵食品があって，このうちぬか漬けには乳酸菌と酪酸菌が入っていて，発酵することで野菜のビタミンが増加するの。特に米ぬかのぬか漬けは最高といわれているのよ。

なお，好き嫌いの個人差が顕著にあらわれているのがこの発酵品ね。たとえば，なれずし。これは，魚を塩と米飯で乳酸発酵させたもので，コメのデンプンの乳酸発酵で生じる防腐力を利用した魚肉の保存食のことなの。

写真Ⅲ-26　フナずし（竜王町観光協会 HP 2018）

写真Ⅲ-27　ニゴロブナ（魚類図鑑 HP 2018）

ジオ：滋賀県にフナずし（写真Ⅲ-26）があるよね。

グラ：琵琶湖に生息するニゴロブナ（写真Ⅲ-27）が原料ね。

ジオ：にごろ？

グラ：同じフナ属のゲンゴロウブナ（源五郎鮒）に似ていることから，ニゴロブナ（似五郎鮒）が名前の由来ともいわれているのよ。
このなれずしに対して，早ずしや押しずしがあるの。早ずしは，江戸時代初期に酢を用いたすしがつくられ，江戸前ずしやにぎりずしとよばれているよね。。押しずしの代表的なものとして，京都府のサバずしや富山県のマスずし，秋田県のハタハタずし，イワナやウグイをつかった木曽の万年ずし，シャケなどをつかった北海道や山形県のメシずし，そして奈良県の柿の葉ずしなどがあるわね。

ジオ：柿の葉ずしの魚として，最近はサバの他にシャケなどいろいろと増えてるね。グラフィー，回転寿司店などで食べるにぎりずしは？

グラ：コメのデンプンの乳酸発酵のかわりに酢をつかって，魚の生肉その他をしゃりに盛りあわせたもので，いわばなれずしをインスタント化したものね。

グラ：ここで，調味料と発酵品の嗜好の多様性について考えてみたいと思うの。三重県のK大学では調味料と発酵品についてアンケート（表Ⅲ-2）をとっているのよ。表のように，玉子焼きは作る時と食べる時，目玉焼きと天ぷら，トンカツ，キャベツはそれぞれ食べる時に，どのような調味料をつかうかをアンケートして，学生の調味料の嗜好とその変化をみているの。
調味料の好みによって，味噌，醤油，ソース，塩，砂糖，胡椒，からし，マヨネーズ，ケチャップ，ドレッシング，ポン酢，天つゆなどをつかう人がいる。

ジオ：まよわずマヨネーズをつけて食べる「マヨラー」とよばれる人がいるよね。

グラ：その一方で何もつけないなど，嗜好の多様性が顕著になってきているわね。

ジオ：確かに，カレーひとつをとってみても，カレーにかける調味料の好みに違いがあって，ウースターソースやマヨネーズをかける人，調味料以外では，生卵や納豆を混

表Ⅲ-2　調味料と発酵品についてのアンケート表

嗜好ー調味料　◎特によく使う　○よく使う

	味噌	醤油	ソース	塩	砂糖	胡椒	唐辛子	からし	マヨネーズ	ケチャップ	ドレッシング	ポン酢	天つゆ	その他	つけない
目玉焼き															
玉子焼き　作る時															
玉子焼き　食べる時															
天ぷら															
トンカツ															
コロッケ															
キャベツ															

嗜好ー発酵品

	好き	どちらでもない	嫌い	食したことない	理　由
納豆					
チーズ					
塩辛					
なれずし					

調味料・発酵品の好みについて

表Ⅲ-3　調味料のアンケート結果

	味噌	醤油	ソース	塩	砂糖	胡椒	唐辛子	からし	マヨネーズ	ケチャップ	ドレッシング	ポン酢	天つゆ	その他	つけない	合計
目玉焼き	5	1,681	589	1,152	15	1,130	23	7	288	189	15	23	5	45	139	5,306
玉子焼き つくる	5	1,102	3	949	1,454	330	15	0	127	16	0	5	91	339	117	4,553
玉子焼き たべる	6	387	43	81	26	59	20	2	272	281	4	16	16	67	1,249	2,529
天ぷら	7	251	347	1,186	3	79	33	11	103	20	3	120	1,924	172	131	4,390
トンカツ	932	153	2,140	111	2	73	36	103	271	204	20	90	12	134	175	4,456
コロッケ	32	227	1,886	61	2	40	17	14	260	245	12	14	4	46	609	3,469
キャベツ	69	131	492	294	7	40	14	2	934	33	2,041	80	5	159	302	4,603
合計	1,056	3,932	5,500	3,834	1,509	1,751	158	139	2,255	988	2,095	348	2,057	962	2,722	29,306

(%)	味噌	醤油	ソース	塩	砂糖	胡椒	唐辛子	からし	マヨネーズ	ケチャップ	ドレッシング	ポン酢	天つゆ	その他	つけない	合計
目玉焼き	0	32	11	22	0	21	0	0	5	4	0	0	0	1	3	100
玉子焼き つくる	0	24	0	21	32	7	0	0	3	0	0	0	2	7	3	100
玉子焼き たべる	0	15	2	3	1	2	1	0	11	11	0	1	1	3	49	100
天ぷら	0	6	8	27	0	2	1	0	2	0	0	3	44	4	3	100
トンカツ	21	3	48	2	0	2	1	2	6	5	0	2	0	3	4	100
コロッケ	1	7	54	2	0	1	0	0	7	7	0	0	0	1	18	100
キャベツ	1	3	11	6	0	1	0	0	20	1	44	2	0	3	7	100

(%)	味噌	醤油	ソース	塩	砂糖	胡椒	唐辛子	からし	マヨネーズ	ケチャップ	ドレッシング	ポン酢	天つゆ	その他	つけない
目玉焼き	0	43	11	30	1	65	15	5	13	19	1	75	0	5	5
玉子焼き つくる	0	28	0	25	96	19	9	0	6	2	0	1	4	35	4
玉子焼き たべる	1	10	1	2	2	3	13	1	12	28	0	5	1	7	46
天ぷら	1	6	6	31	0	5	21	8	5	2	0	34	94	18	5
トンカツ	88	4	39	3	0	4	23	74	12	21	1	26	1	14	6
コロッケ	3	6	34	2	0	2	11	10	12	25	1	4	0	5	22
キャベツ	7	3	9	8	0	2	9	1	41	3	97	23	0	17	11
合計	100	100	100	100	100	100	100	100	100	100	100	100	100	100	100

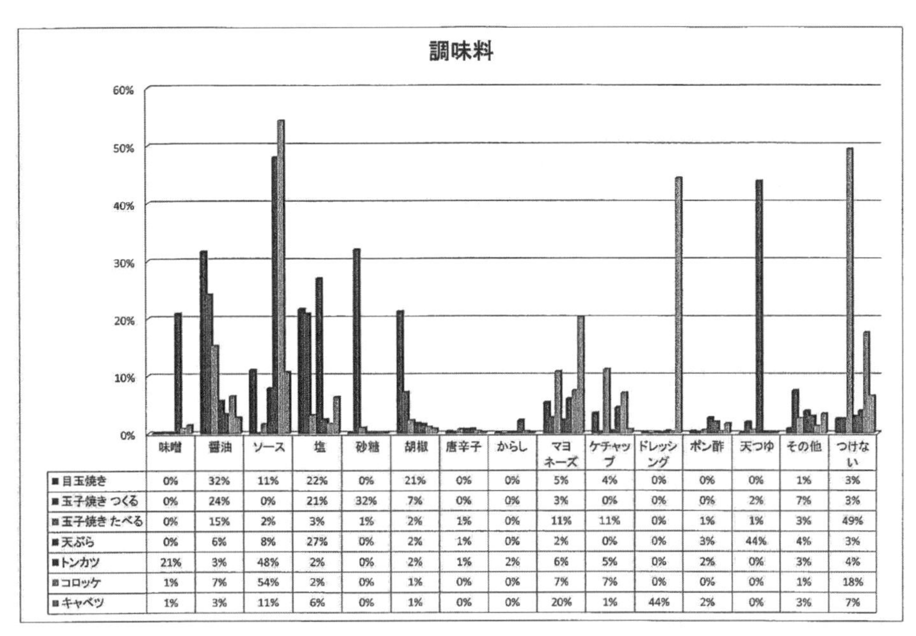

	味噌	醤油	ソース	塩	砂糖	胡椒	唐辛子	からし	マヨネーズ	ケチャップ	ドレッシング	ポン酢	天つゆ	その他	つけない
■目玉焼き	0%	32%	11%	22%	0%	21%	0%	0%	5%	4%	0%	0%	0%	1%	3%
■玉子焼き つくる	0%	24%	0%	21%	32%	7%	0%	0%	3%	0%	0%	0%	2%	7%	3%
■玉子焼き たべる	0%	15%	2%	3%	1%	2%	1%	0%	11%	11%	0%	1%	1%	3%	49%
■天ぷら	0%	6%	8%	27%	0%	2%	1%	0%	2%	0%	0%	3%	44%	4%	3%
■トンカツ	21%	3%	48%	2%	0%	2%	1%	2%	6%	5%	0%	2%	0%	3%	4%
■コロッケ	1%	7%	54%	2%	0%	1%	0%	0%	7%	7%	0%	0%	0%	1%	18%
■キャベツ	1%	3%	11%	6%	0%	1%	0%	0%	20%	1%	44%	2%	0%	3%	7%

図Ⅲ -90　調味料のアンケート結果

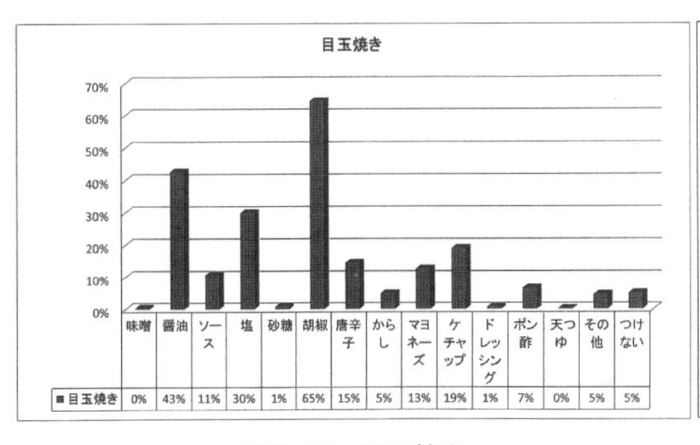

	味噌	醤油	ソース	塩	砂糖	胡椒	唐辛子	からし	マヨネーズ	ケチャップ	ドレッシング	ポン酢	天つゆ	その他	つけない
■目玉焼き	0%	43%	11%	30%	1%	65%	15%	5%	13%	19%	1%	7%	0%	5%	5%

図Ⅲ -91　目玉焼き

玉子焼き つくる

	味噌	砂糖	ソース	塩	砂糖	胡椒	唐辛子	からし	マヨネーズ	ケチャップ	ドレッシング	ポン酢	天つゆ	その他	つけない
■玉子焼き つくる	0%	28%	0%	25%	96%	19%	9%	0%	6%	2%	0%	1%	4%	35%	4%

図Ⅲ -92　玉子焼き つくる時

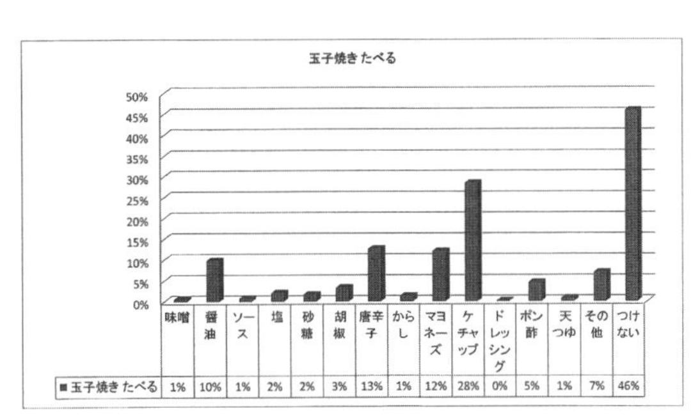

	味噌	醤油	ソース	塩	砂糖	胡椒	唐辛子	からし	マヨネーズ	ケチャップ	ドレッシング	ポン酢	天つゆ	その他	つけない
■玉子焼き たべる	1%	10%	1%	2%	2%	3%	13%	1%	12%	28%	0%	5%	1%	7%	46%

図Ⅲ -93　玉子焼き 食べる時

ぜて食べる人など，さまざまだよね。

グラ：これは，10 年間で延べ 1500 人以上を対象とした調味料のアンケートの結果だけど（表Ⅲ -3），特によくつかうものを◎（2 ポイント），よくつかうものを○（1 ポイント）として集計すると，29000 ポイントを超えるデータなのよ。

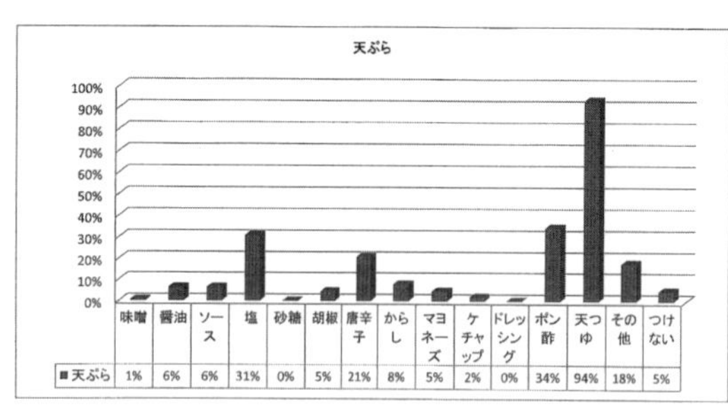

図Ⅲ-94　天ぷら

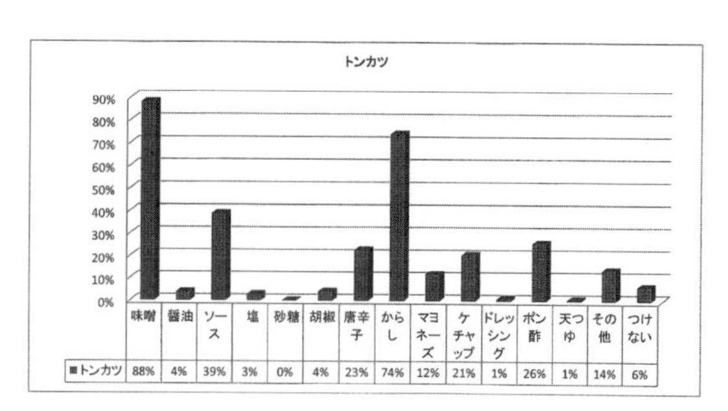

図Ⅲ-95　トンカツ

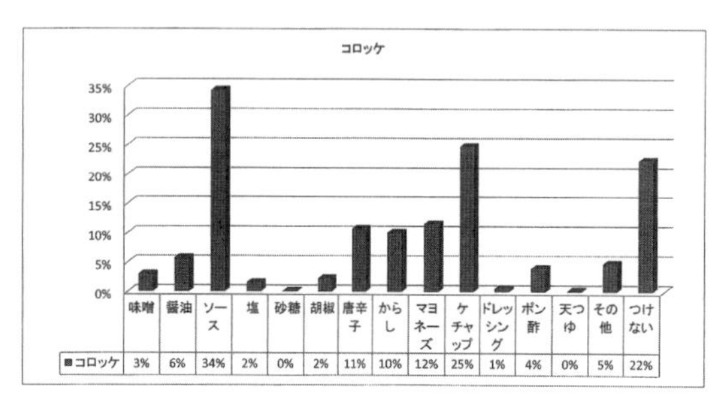

図Ⅲ-96　コロッケ

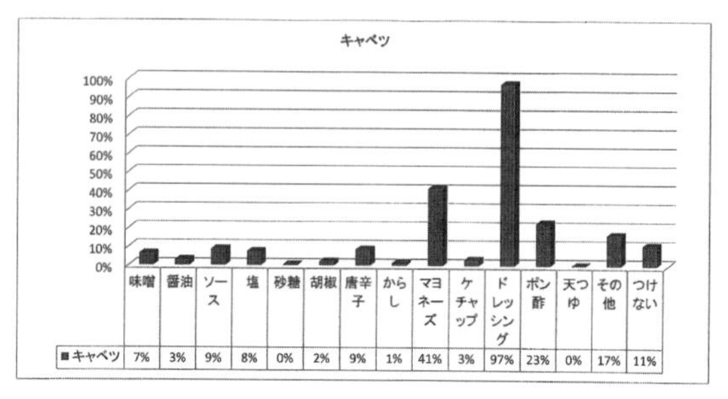

図Ⅲ-97　キャベツ

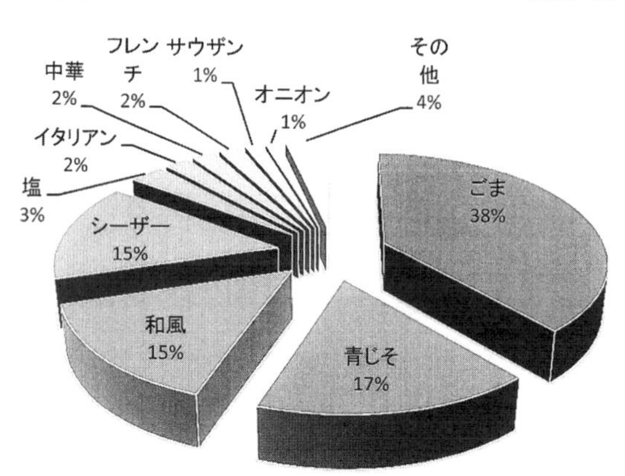

図Ⅲ-98　ドレッシング

ジオ：それぞれの食材に対する調味料の嗜好に特徴があるね。

グラ：目玉焼きを食べる時につけるもの（図Ⅲ-91），玉子焼きをつくる時には下味として入れるもの（図Ⅲ-92），また食べる時につけるつもの（図Ⅲ-93）をみても多種多様だね。

ジオ：玉子焼きの場合は，下味があるから何もつけずにそのまま食べる人も多いよね。

グラ：天ぷらの場合は熱い時と冷めた時で味が違うし，人によっては天つゆだけでなくて，塩や（抹茶）塩，ソースなどつけて食べる人もいるよね（図Ⅲ-94）。

ジオ：トンカツに味噌。ミソカツは東海地方ならではの結果だね（図Ⅲ-95）。

グラ：コロッケは，下味として塩・胡椒を入れているので，何もつけないこともあるね（図Ⅲ-96）。キャベツなどの野菜を食べる時にも，さまざまな調味料がつかわれているね（図Ⅲ-97）。

表Ⅲ -4 ①　その他の調味料①

目玉焼き		
うま味調味料	6	30%
焼き肉のたれ	3	15%
めんつゆ	2	10%
昆布つゆ	1	5%
コンソメ	1	5%
おろしポン酢	1	5%
バジルソルト	1	5%
お好み焼きソース	1	5%
大根おろし	1	5%
生姜焼きたれ	1	5%
生姜醤油	1	5%
タバスコ	1	5%
計	20	100%

玉子焼き つくる		
だし類	192	56%
牛乳	40	12%
めんつゆ	28	8%
うま味調味料	27	8%
(料理) 酒	14	4%
みりん	11	3%
バター	6	2%
大根おろし	3	1%
鶏ガラスープ	3	1%
おろしポン酢	2	1%
だし醤油	2	1%
塩昆布	1	0%
ツナマヨ	1	0%
酢昆布	1	0%
片栗粉＋水	1	0%
コーヒーミルク	1	0%
うどんスープ	1	0%
リンゴジュース	1	0%
コンソメ	1	0%
マーガリン	1	0%
ゴマ油	1	0%
すき焼きのタレ	1	0%
明太子	1	0%
ウェイパー	1	0%
ピザソース	1	0%
計	342	100%

玉子焼き 食べる		
大根おろし	22	58%
めんつゆ	4	11%
だし汁	2	5%
天つゆ	1	3%
岩塩	1	3%
タルタルソース	1	3%
おろしポン酢	1	3%
わさび	1	3%
生姜醤油	1	3%
焼き肉のタレ	1	3%
うま味調味料	1	3%
おろし醤油	1	3%
あんかけ	1	3%
計	38	100%

天ぷら		
大根おろし	39	33%
抹茶塩	27	23%
めんつゆ	11	9%
ゆず胡椒	6	5%
甘だれ	4	3%
ねり生姜	4	3%
タルタルソース	4	3%
だし	3	3%
レモン汁	3	3%
ゆず塩	2	2%
わさび	2	2%
山椒	1	1%
しそ	1	1%
もみじおろし	1	1%
紅塩	1	1%
うま味調味料	1	1%
おろしポン酢	1	1%
お好み焼きソース	1	1%
天ぷらのたれ	1	1%
おろしだれ	1	1%
ゆずレモン	1	1%
だし醤油	1	1%
カレー塩	1	1%
かぼす醤油	1	1%
わさび塩	1	1%
計	119	100%

表Ⅲ -4 ②　その他の調味料②

トンカツ		
おろしポン酢	14	18%
大根おろし	13	17%
からし	8	10%
わさび	6	8%
タルタルソース	5	6%
レモン汁	5	6%
おろしだれ	4	5%
オーロラソース	3	4%
デミグラスソース	3	4%
めんつゆ	3	4%
味噌	2	3%
焼き肉のたれ	2	3%
にんにくの醤油漬けのたれ	1	1%
味噌だれ	1	1%
お好み焼きソース	1	1%
塩だし	1	1%
だし醤油	1	1%
酢	1	1%
梅だれ	1	1%
岩塩	1	1%
和風だし	1	1%
おろし醤油	1	1%
計	78	100%

コロッケ		
タルタルソース	5	19%
レモン汁	4	15%
おろしポン酢	4	15%
大根おろし	2	8%
焼き肉のたれ	1	4%
塩だし	1	4%
ミートソース	1	4%
デミグラスソース	1	4%
味噌	1	4%
オーロラソース	1	4%
おろし醤油	1	4%
めんつゆ	1	4%
酢醤油	1	4%
タバスコ	1	4%
とんかつソース	1	4%
計	26	100%

キャベツ		
ごま油	9	22%
焼き肉のたれ	7	17%
塩昆布	5	12%
塩だし	2	5%
とんかつソース	2	5%
酢	2	5%
レモン汁	1	2%
黒酢	1	2%
オリーブオイル	1	2%
わさび醤油	1	2%
お好み焼きソース	1	2%
サラダスパイス	1	2%
コチュジャンだれ	1	2%
トマトポン酢	1	2%
うま塩	1	2%
大葉たれ	1	2%
キムチの素	1	2%
めんつゆ	1	2%
キャベツのたれ	1	2%
おろしポン酢	1	2%
計	41	100%

表Ⅲ -5　発酵品のアンケート結果

	好　き	どちらでもない	嫌　い	食したことなし	計
納豆	1,022	268	204	35	1,529
チーズ	1,134	304	90	3	1,531
塩辛	668	315	192	376	1,551
なれずし	42	36	60	1,374	1,512
計	2,866	923	546	1,788	6,123

	好　き	どちらでもない	嫌　い	食したことなし	計
納豆	17%	4%	3%	1%	25%
チーズ	19%	5%	1%	0%	25%
塩辛	11%	5%	3%	6%	25%
なれずし	1%	1%	1%	22%	25%
計	47%	15%	9%	29%	100%

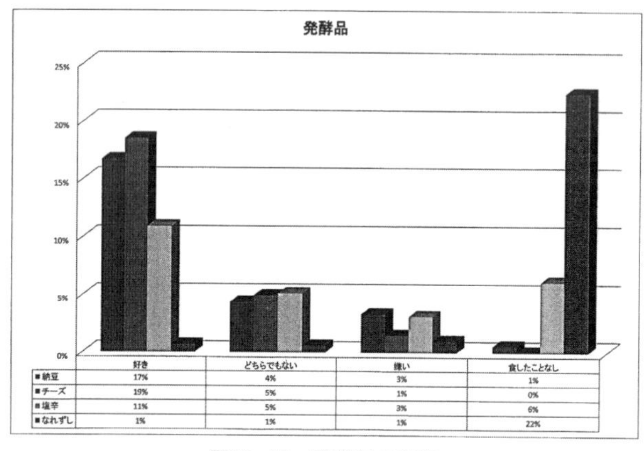

図Ⅲ -99　発酵品の嗜好

ジオ：キャベツにかけるドレッシングの種類も，ゴマ，青ジソ，和風，中華風，洋風といろいろあるんだね（図Ⅲ -98）。

グラ：目玉焼きからキャベツにつかうその他の調味料をみても，実に多くの調味料がつかわれているわね（表Ⅲ -4 ①②）。

ジオ：各家庭独特の味が創造されているんだ。玉子焼きをつくる時にはだし類が多いね。

グラ：だし巻き玉子を玉子焼きや厚焼き玉子とよぶ地域もあるのよ。

トンカツやコロッケの場合は，それら用のソースの他に，さまざまなソースがつかわれているね。

グラ：発酵品の嗜好の違いは，納豆，チーズ，塩辛，なれずしでアンケートされていて（表Ⅲ -5・図Ⅲ -99），私たちと同じ二十歳前後の人たちの発酵品に対する好みや食のあり方が浮き彫りにされているわね。

ジオ：なれずしを食べたことのない若い人たちが多いんだね…。

ところでグラフィー，先程のなれずしに代表されるような臭い食べ物といったら何を連想する？

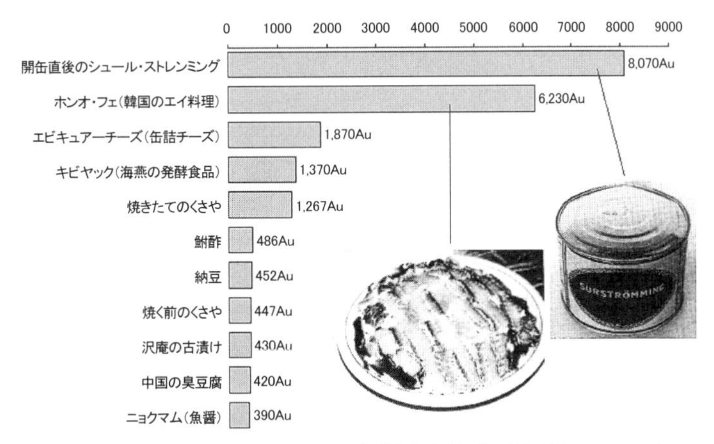

図Ⅲ -100　臭い食べ物ランキング（社会実情データ図録 HP 2009）

グラ：ドリアンかな。ドリアンはマレー半島の原産で，マレー語で「トゲのあるもの」という意味なの。果実は強い甘味があって果物の王様といわれているけど，強烈な臭いのために好みは分かれるわね。臭い成分は硫黄化合物のプロパンチオールで，その他さまざまな臭いの成分が複雑にからみあっているわね。

ジオ：先程のフナずしは世界で 6 番めに臭い食べ物らしいよ（図Ⅲ -100）。5 番目に臭い食べ物はくさやで，これはムロアジを開いて，サメの頭やムロアジのはらわた，血液などを入れて発酵させたつけ汁，これを「くさや液」というけど，これに漬けて日干しにする。これを繰り返して仕上げたもので，今では冷風乾燥しているようだね。主に静岡県の伊豆諸島で生産されていて，新島では 9 割以上を占めるんだ。

グラ：この臭さの基準は何なの？

ジオ：アラバスターという機械で臭みの強さを測定して，臭いほど数値が高いんだ。6 番目に臭いフナずしは 486 アラバスター，5 番目の焼いたくさやは 1267。

グラ：……。

ジオ：4 番目に臭いものは，北極圏に住む狩猟民族の保存食でキビヤックというんだ。これは，アザラシの内臓を取り除いた腹の中にアパリアスとよばれるウミスズメ類の海鳥をそのまま詰め込んで，土に 2 ヶ月〜数年埋めて発酵させたものなんだ。土の中からそれを取り出して，ウミスズメの肛門に口を当てて腸の中身を吸い出すんだ。

グラ：……。

ジオ：コールタール状になっていて，塩辛のような味らしい。これが 1370 アラバスター。野菜のつくれない北極圏では重要なビタミン源となっているんだ。

グラ：不足するビタミンを発酵食品などで補っているのね。

ジオ：3 番めはニュージーランドのエピキュアーチーズという缶詰のチーズ。2・3 年熟成させたもので，もちろんチーズは発酵品だから強烈な臭いで酸味が強いんだ。
そして，2 番目に臭いのはホンオ フェといって，これはガンギエイを発酵させた

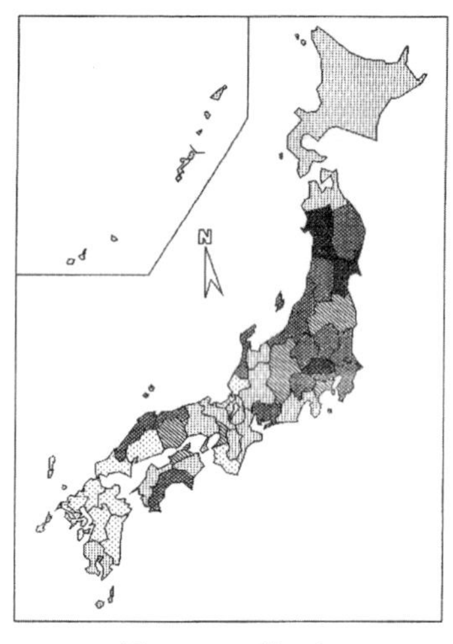

図Ⅲ -101　菓子類
（鈴木・久保 1980）

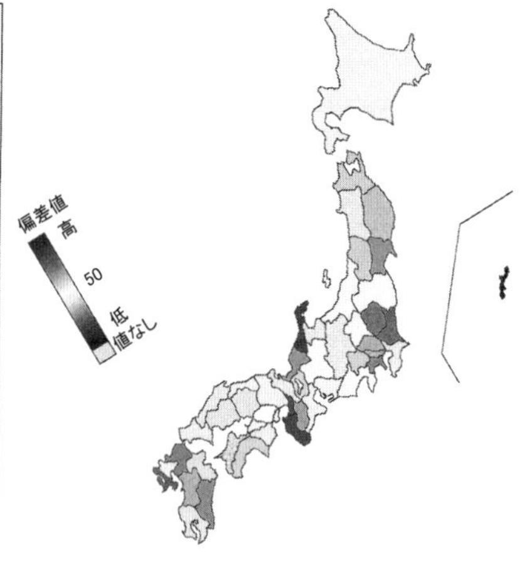

図Ⅲ -102　菓子類（とどランHP 2017）

刺身で，韓国でよく食べられているんだ。その他には，蒸したホンオ チムや鍋にしたホンオ タンなどがあって，エイのもつ尿素が分解されていて，口に入れるとアンモニア臭が鼻をつんざくんだ。舌がピリピリして，涙が出てくるよ。

◆ 世界一臭い食べ物とは

ジオ：そして，世界で1番臭い食べ物は8070アラバスターで，フナずしの17倍，くさやの6倍以上の臭さだね。

グラ：……。

ジオ：これは，スウェーデンのシュールストレミングという缶詰で「酸っぱいバルト海産のニシン」を意味するんだ。ニシンとキャベツ，玉ネギを交互にはさんで酢をかけて，これを缶詰にして発酵させる。

グラ：魚の野菜漬けみたいで美味しそうだけど……。

ジオ：でも，この発酵させた缶詰は表現できないぐらい臭くて，生ゴミのような臭い。

グラ：……。

ジオ：発酵しているから缶を空けるとガスが出て，これが衣服や身体につくと数日は臭みが消えないらしい。日本では，空輸による禁止とニシンの輸入割当制度によって，輸入を禁止していて，今はインターネットの通信販売だけで購入ができるんだ。

グラ：臭いものの後は，お菓子と果物でお口直しをしましょう。お菓子の消費の地域差をみると，東日本の人の甘いもの嗜好が目立つわね（図Ⅲ -101・102）。西日本でお菓子の消費が少ないのは，一説にはおやつにお好み焼きやタコ焼きを食べるからといわれているけど……。

ジオ：西日本の人って，おやつに食べるかな……。

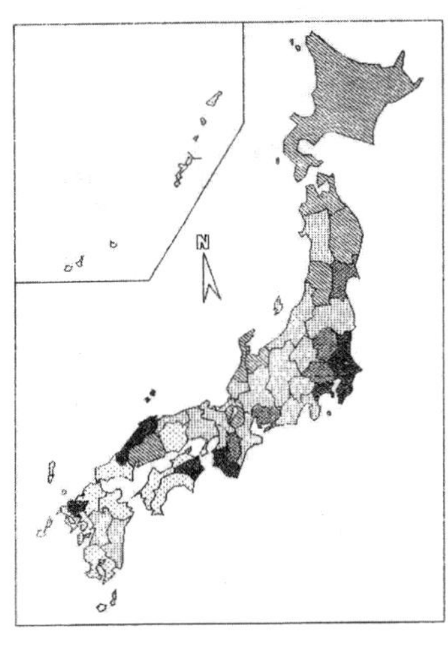

図Ⅲ -103　ようかん
（鈴木・久保 1980）

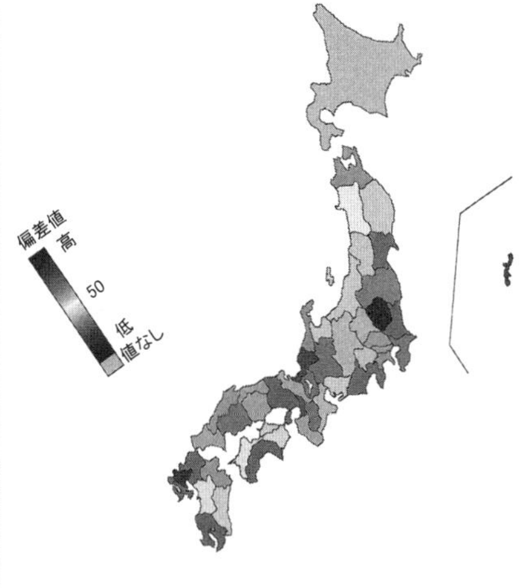

図Ⅲ -104　ようかん（とどラン HP 2017）

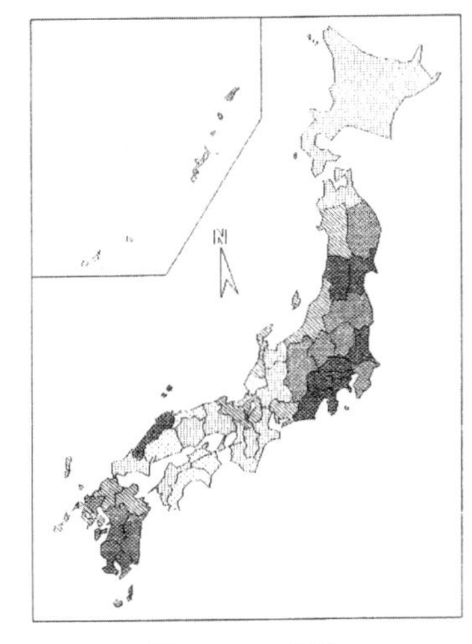

図Ⅲ -105　緑茶
（鈴木・久保 1980）

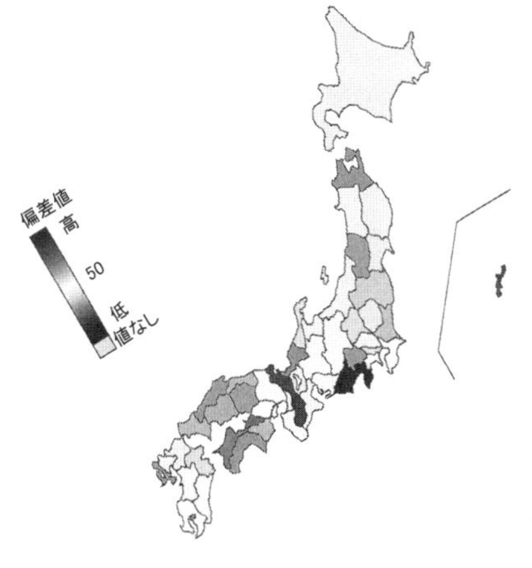

図Ⅲ -106　緑茶（とどラン HP 2017）

グラ：次に，ようかんは茨城県の水戸と和歌山県で多いわね（図Ⅲ -103）。

ジオ：というと徳川御三家の二つだね。

グラ：そして島根県の松江。いずれも茶道の発達したところなの。最近では東日本の消費が目立つわね（図Ⅲ -104）。ただ，茶請けのお菓子はようかんだけではないけど，これらの地域ではお菓子もよく好んで食べられているの。

グラ：次に，飲料品の消費についてみていくね。まず緑茶は，以前は東高西低だったけど（図Ⅲ -105），最近ではお茶のポリフェノールやカテキンが健康にいいということで，若い女性層の消費が増えてきて，お茶どころの静岡県と京都府以外は地域差がないね（図Ⅲ -106）。

お茶の効能はこれだけではなくて，カフェインは脂肪の燃焼をサポートしたり，ビ

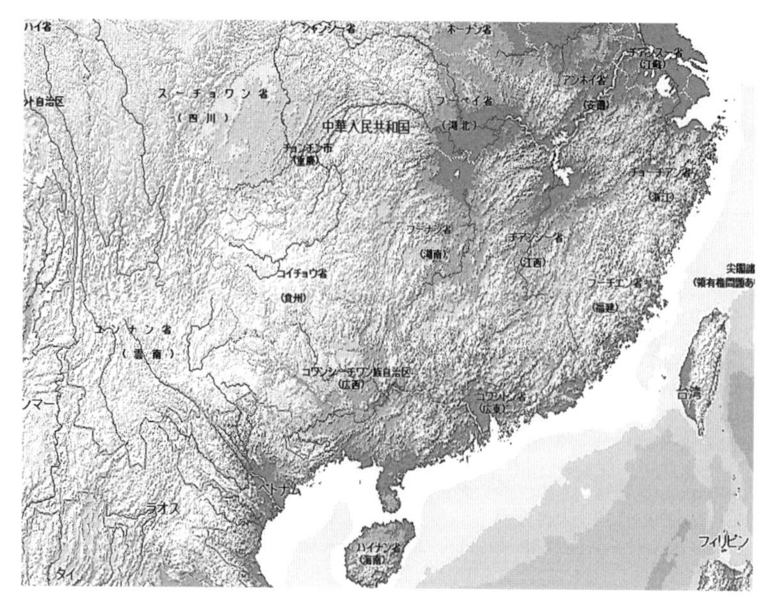

図Ⅲ－107　台湾・雲南（マイクロソフト　2001）

タミンAとカロテンは肌の潤いを守るし，ビタミンCは肌荒れ防止と二日酔いの予防にもなるのよ。

ジオ：こうしたお茶の良さが幅広い年齢層に理解され，支持されるようになってきたんだ。

グラ：商業用のお茶の栽培の北限は新潟県の村上茶と茨城県の奥久慈茶だけど，お茶の消費量は生産とは無関係のようね。

ジオ：東北地方では，農家のヒアリング調査をすると，飲むのがいやになるほどのお茶の接待を受けるらしいよ。茶請けは漬け物。

グラ：また，お茶の優良品種，つまりブランド商品というと，静岡茶や大阪府の狭山茶とならんで京都府の宇治茶が日本三大茶といわれるわね。

ジオ：日本のお茶の生産地域は？

グラ：静岡県，鹿児島県，三重県，宮崎県，京都府の順ね（2014年）。なお，宇治市は人口約19万人（2016年）で，京都や大阪のベッドタウンになっていて，茶畑は減少して農地が宅地に転用されているのよ。この宇治茶の原料の一部は，実は三重や奈良県，滋賀県で生産された茶葉が，宇治でブレンドされてお茶に商品化されているの。

ジオ：周辺県の茶葉の一部がブレンドされて，京都のおみやげになっているんだ。

グラ：「宇治茶」と表示できるのは京都産の茶葉50％以上のもので，「静岡茶」は静岡産の茶葉70％以上のもの，「鹿児島茶」は鹿児島産の茶葉50％以上のものをいうのよ。

ジオ：なぜ100％じゃないの？

グラ：産地の違うお茶をブレンドして，味と香りを引き立たせるためなの。
次に，このお茶の種類と製法だけど，お茶には，ウーロン茶，紅茶，緑茶，たん茶，マテ茶などがあるわね。ウーロン茶は半発酵のお茶で，主に台湾や中国の雲南地方

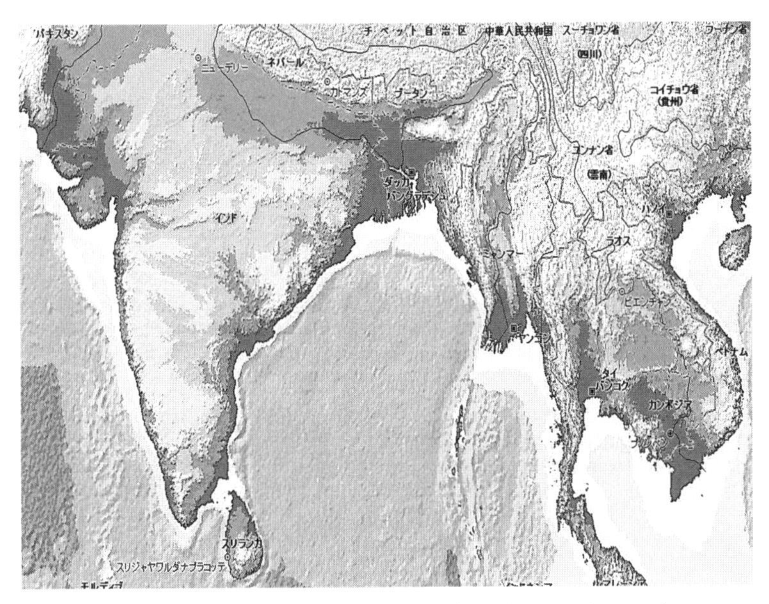

図Ⅲ -108　アッサム地方・スリランカ（マイクロソフト 2001）

図Ⅲ -109　適温で淹れる
（全国商工業共同組合連合会ほか 2008）

で生産されているの（図Ⅲ -107）。

ジオ：台湾の鉄観音茶や雲南の雲南茶は有名だね。

グラ：紅茶は発酵したお茶で，インド東部のアッサムティやスリランカのセイロンティが有名だね（図Ⅲ -108）。茶の木は 8 ～ 10m にもなる高木で葉が大きいの。

緑茶は，日本では 1m 以下の高さに整えられているけど，中国では 3m 位の低木で葉が小さくて，シナ茶とよばれているの。

ジオ：この緑茶は無発酵のお茶だよね。

グラ：そうね。この緑茶は栽培方法や摘採時期といって摘み取る時期，さらには製造工程などの違いによってもいろいろな種類があるし，またお茶の入れ方次第で味が違うようね。さらに，お湯の温度も数十秒の違いでお茶の味が変わるらしいのよ（図Ⅲ -109）。

なかでも，玉露というのは香気と甘味のある上等のお茶のことなの。味と香りの成分はこの玉露に多く含まれていて，玉露は 60 度位のぬるめのお湯で入れるの。

ジオ：どうして？

グラ：これは各種のアミノ酸などの旨味の成分を時間をかけてゆっくりと引き出すためなの。

また，煎茶はお湯で煎じて飲むけど，適温は 80 度位なの。挽茶は茶葉を乾燥させて茶臼でひいて粉末にしたもので，これも 80 度位がいいの。また，番茶は一番最後の硬い葉，つまり成長した葉をもんでつくるの。ぬるま湯で入れると渋みが強まるので，95 度位の熱湯を注いで早く味や香りを引き出すのよ。

ジオ：「番茶も出花」という言葉があるけど，番茶も入れたては美味しいよね。

グラ：ほうじ茶は，煎茶や番茶を火で炒ったお茶で香ばしい香りがするよね。また，たん

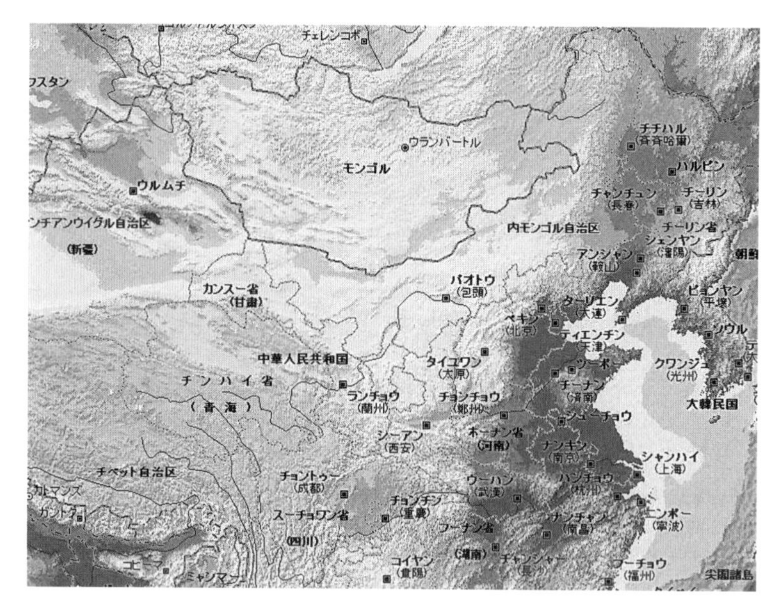

図Ⅲ-110　**モンゴル～ウーハン**（マイクロソフト 2001）

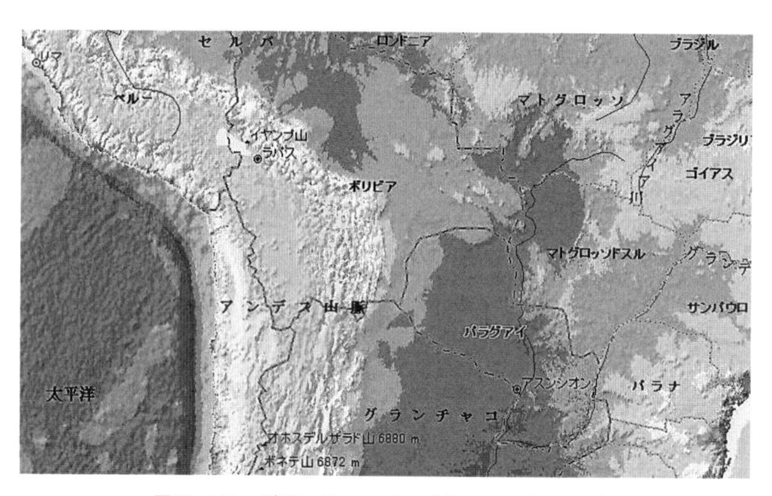

図Ⅲ-111　**グランチャコ**（マイクロソフト 2001）

茶は緑茶や紅茶のくずを薄い板状に押し固めたもので，削ってお湯に入れて飲むのよ。モンゴルから中国の武漢（ウーハン）にかけての地域（図Ⅲ-110）で飲まれているの。

さらに，マテ茶は南米のパラグアイからアルゼンチンにかけてのグランチャコ（図Ⅲ-111）という地域の特産なのよ。セイヨウヒイラギの仲間で，木は5mの高さになるの。苦味があって，「飲むサラダ」といわれるほどに栄養が豊富で，以前はコーヒーや紅茶とならんで世界三大嗜好飲料の一つになっていたのよ。

次に紅茶とコーヒーの消費の変化をみると，紅茶は以前は西高東低だったけど（図Ⅲ-112），最近では消費の中心が関東地方に移ってるね（図Ⅲ-113）。また，コーヒーの消費量は西日本が多かったけど（図Ⅲ-114），最近では北海道の増加が目立つね（図Ⅲ-115）。以前は神戸が紅茶やコーヒー豆の輸入港でもあり，またイギリ

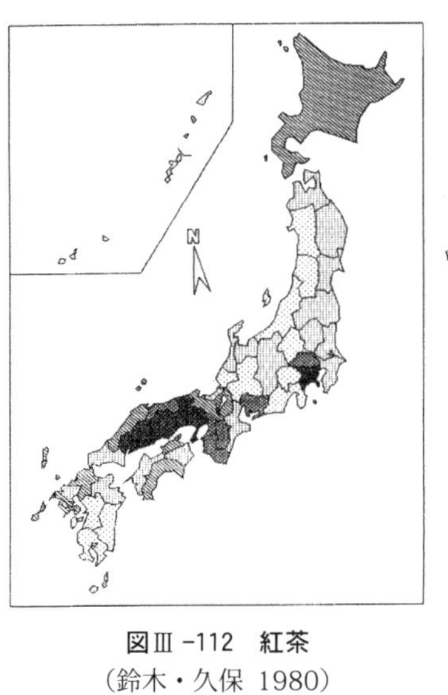

図Ⅲ-112　紅茶
（鈴木・久保 1980）

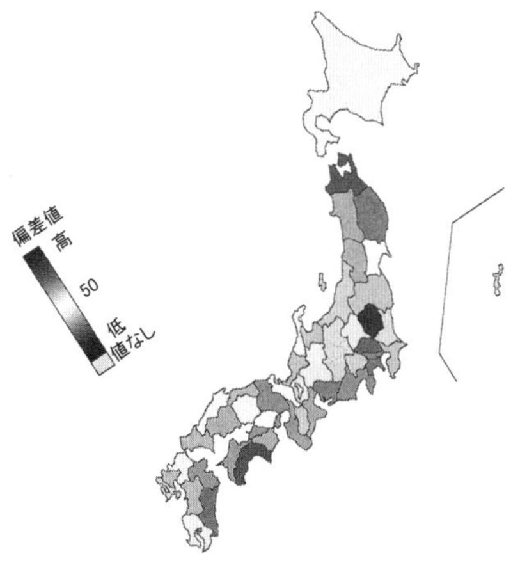

図Ⅲ-113　紅茶（とどランHP 2017）

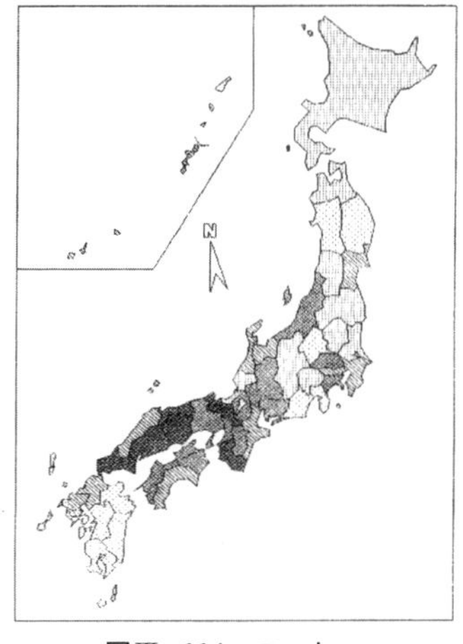

図Ⅲ-114　コーヒー
（鈴木・久保 1980）

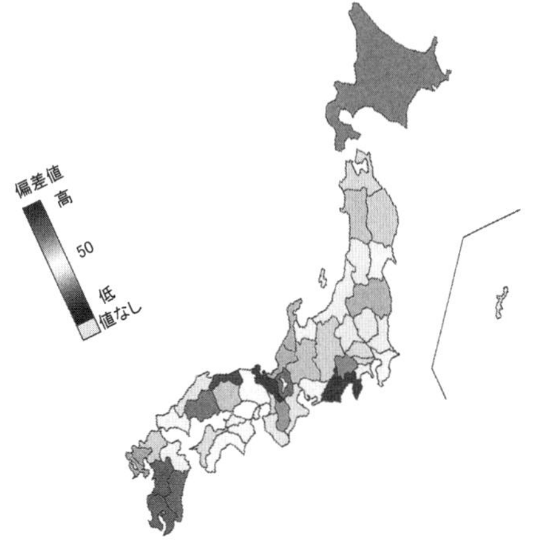

図Ⅲ-115　コーヒー（とどランHP 2017）

スとの貿易が最も盛んな港であったために，西日本を中心にひろがっていたと考えられるの。

◆ アルコールと体質

グラ：日本の食文化もいよいよ佳境に入ってきたけど，次はお酒に移るね。

ジオ：酒の話だったら，僕にまかせて。

この世には，アルコール類が一切だめな人，少しはいける人，結構いける人，酒をこよなく愛する人，アル中の人などさまざまだよね。

グラ：日本人の半分はお酒に弱いといわれてるよね。

ジオ：アルコールに対する適応性を客観的に判断するテストもあって，酒に強いか弱いか

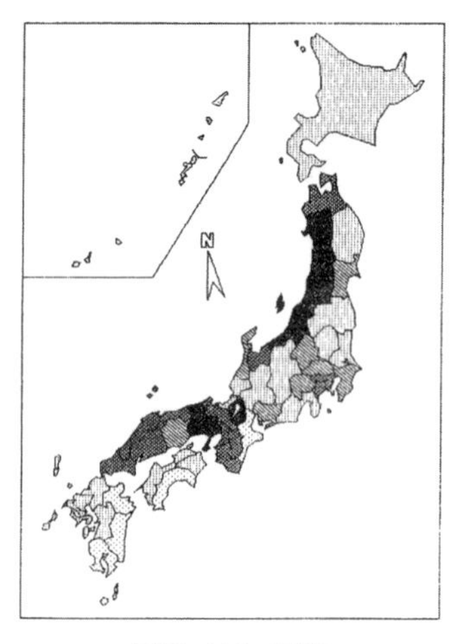

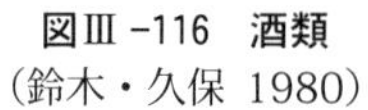

図Ⅲ-116　酒類
（鈴木・久保 1980）

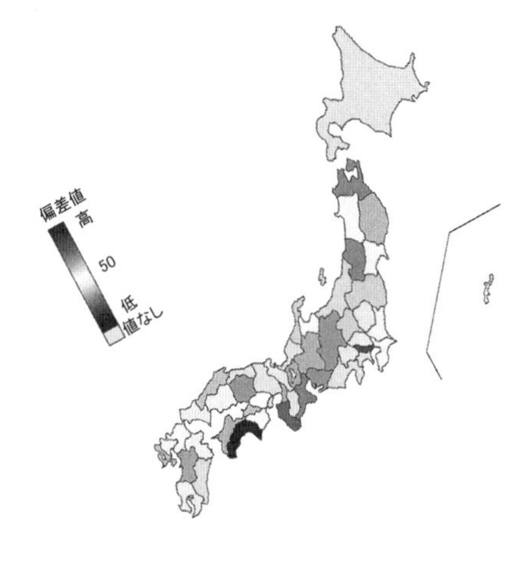

図Ⅲ-117　酒類（とどランHP 2017）

を調べることもできるんだ。日本人の場合，酒が飲めない人が約1割，弱い人が約4割，ほろ酔い気分になる人が約2割，いくらでも飲める人が約3割で，このうち飲んでいるうちに強くなった人もいるようだね。

グラ：飲んだアルコールは体内でどうなるの？

ジオ：体内に入ったアルコールは，胃や小腸で吸収されて肝臓に送られるけど，肝臓ではまず，アルコール脱水素酵素（ADH1B）によって，アセトアルデヒドという物質に変わるんだ。次に，アセトアルデヒドがその脱水素酵素（ALDH2）によって酢酸という無害な物質になり，最終的には水と二酸化炭素に分解され，身体の外に排出されるんだ。

グラ：日本人は，この脱水素酵素の働きが弱いのね。

ジオ：この能力は遺伝子で引き継がれて，体質はほとんど変わらないといわれている。

グラ：このアルコール飲料に対する嗜好は？

ジオ：イスラム教国のように宗教上飲酒を禁じている地域を除いて，すべての人類に共通するものなんだ。また，酒に対する欲望も人類に共通するね。旧約聖書の創世期にノアの物語があって，神が引き起こす洪水によって，特定のものを除いて生物は死滅するけど，そのなかで生き残る人間がノアとその家族。

グラ：彼らは神によって選ばれた人たちよね。

ジオ：ところが，ノアが最初にしたことというのは，畑にブドウの種をまいて，できたブドウでブドウ酒をつくって，それを飲んで酔っ払って，裸になって寝てしまった。神に選ばれた人間ですら，酒を欲しがり，そして泥酔してしまう。

グラ：……。

ジオ：こうした酒類の消費分布を日本の場合でみてみると，以前は日本海沿岸地域に多かったのが（図Ⅲ-116），近畿地方が減少して東西に分離しつつあって，特に高知県と東京都の増加が目立つね（図Ⅲ-117）。

グラ：都道府県別では？

ジオ：飲食店の年間売上高は，東京都，神奈川県，愛知県，大阪府，兵庫県などの大都市に多いね（図Ⅲ-118）。また，焼酎，ビール，清酒とウイスキーの年間購入額は，全国平均で5万円弱。さらに，年間1世帯あたりの酒の購入をみると，清酒とウイスキーは日本海側で20リットル以上で2割～3割。ビールは，関西で約70リットル近く。焼酎は九州で多くて，宮崎県と鹿児島県では10リットルを超えるね。ところが，総量でみると鹿児島で約48リットル，沖縄県で約49リットル，三重県で約51リットルと少ないんだ。

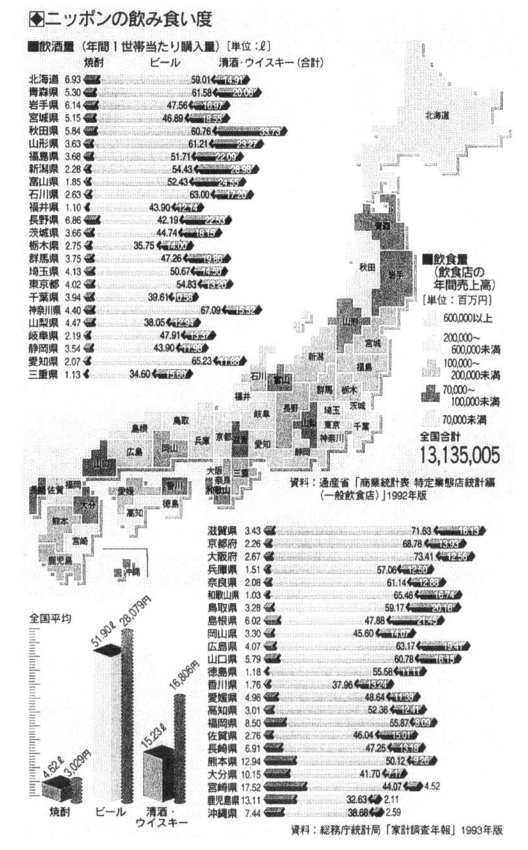

図Ⅲ-118　ニッポン飲み食い度
（通産省 1993・総務庁 1994）

グラ：鹿児島や沖縄では多いと思ったけど，意外ね。
ところで，日本人ほど食のなかに微生物を巧みに取り入れてきた民族はいないよね。
この微生物というのは，菌とよばれる発酵性のもので，たとえば麹菌とか納豆菌，イースト菌などがあるの。

ジオ：こうした麹菌とか酵母といった微生物を利用したアルコールが清酒で，技術的にも世界最高水準の発酵飲料なんだよ。この清酒というのは，米の芯白の部分のデンプン質を麹でブドウ糖に変えて，そして酵母でアルコールに分解してつくったものなんだ。

グラ：ジオ，お酒づくりにかかせないのは？

ジオ：三大要素があって，米と水と技術といわれているんだ。その米は酒造好適米といって，これは白米のなかに白くうるんだ部分，つまり芯白があって，この芯白にデンプン質を多くもっていて，低タンパク質，低脂肪のものが酒造米とされているんだ。だから，普通の米よりも粒型が大きくて，芯白には小さな気泡が詰まっているんだよ。

グラ：つまり，そこに麹菌が入りこみやすくて，お酒づくりに適しているのね。

ジオ：全国の酒造好適米の分布みると（図Ⅲ-119），代表的なものは，兵庫県で誕生した山田錦，新潟県生まれの五百万石，岡山県産の雄町，東北地方で栽培されている美

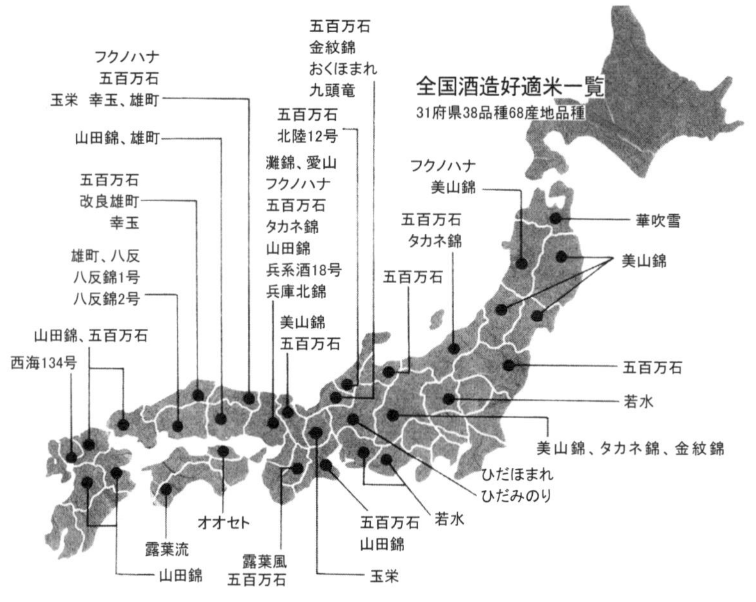

図Ⅲ -119　全国酒造好適米一覧（青柳編 1994）

表Ⅲ -6　清酒の製法品質表示基準（青柳編 1994）

特定名称	使用原料	精米歩合	香味など
吟醸酒 大吟醸酒	米，米麹，醸造用アルコール	60%以下 50% 〃	吟醸造り
純米酒 純米吟醸酒 純米大吟醸酒 特別純米酒	米，米麹	70%以下 60% 〃 50% 〃 60% 〃	香味・色沢良好
本醸造酒 特別本醸造酒	米，米麹，醸造用アルコール	70%以下 60% 〃	香味・色沢良好
普通酒	米，米麹，醸造用アルコール	70 〜 75%	

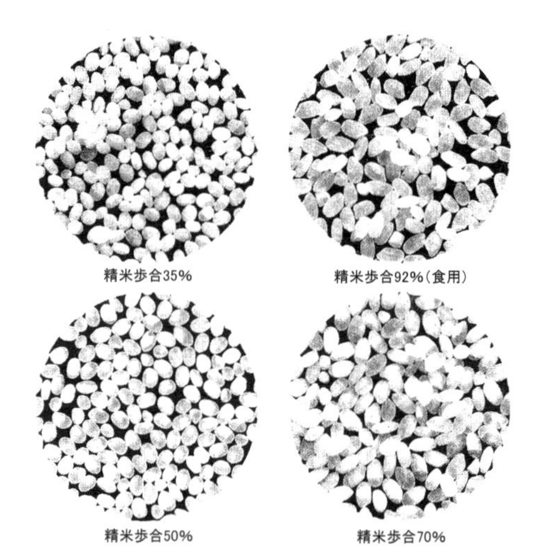

写真Ⅲ -28　精米歩合（青柳編 1994）

山錦などがあるね。
こうした酒米を精米するけど，精米というのは玄米の外側のタンパク質や脂肪分を削り落として，芯白のデンプン質だけを取り出す工程をいうんだ。「精米歩合」という言葉があるよね。

ジオ：これは玄米に対する白米の重さを比率で示したものだよ。つまりどの位削って残ったかを示す割合で，精米歩合が低いほど多く削っているんだ。

ジオ：精米歩合は，大吟醸酒では 50%以下，吟醸酒では 60%以下，純米酒と本醸造では 70%以下，普通酒では 70 〜 75%なんだよ（表Ⅲ -6）。これに対して，食用のコメの精米歩合は 92%。これが 50%以下になると半透明の真珠のような色とつやになって，これで大吟醸の酒がつくられるんだ（写真Ⅲ -28）。

グラ：食用のおコメの表層部分には，タンパク質や脂肪，ビタミン類が多く含まれている

表Ⅲ -7　吟醸香の検討

化合物	色	状態	香気
プロピオン酸エチルエステル	無	液	やや酸臭あって不可
酪酸エチルエステル	無	液	果実様芳香，かすかに酪酸臭
正バレリアン酸エチルエステル	無	液	吟醸香
イソバレリアン酸エチルエステル	無	液	果実様刺激臭
カプロン酸エチルエステル	無	液	吟醸香に近くかすかに脂肪臭
カプリル酸エチルエステル	無	液	やや汗臭あるが不快ならず
カプリン酸エチルエステル	無	液	汗臭あるが悪臭でない
ラウリン酸エチルエステル	無	液	臭気やや弱い
ミリスチン酸エチルエステル	やや黄	液	ほとんど無臭
パルミチン酸エチルエステル	淡黄色	液	油臭
オレイン酸エチルエステル	淡黄色	液	油臭
ステアリン酸エチルエステル	白	固（20℃）	無
乳酸エチルエステル	無	液	無
リンゴ酸エチルエステル	無	液	青臭い
コハク酸エチルエステル	無	液	重い感じこの香酒にある
フマール酸エチルエステル	無	液	弱い刺激臭
レヴュリン酸エチルエステル	無	液	わずかにフェーゼル様臭い
酒石酸エチルエステル	無	液	無
シュウ酸エチルエステル	黄色	油状	やや甘ったるい臭い
クエン酸エチルエステル	黄色	油状	ほとんど香りない

（秋山・熊谷，1987）

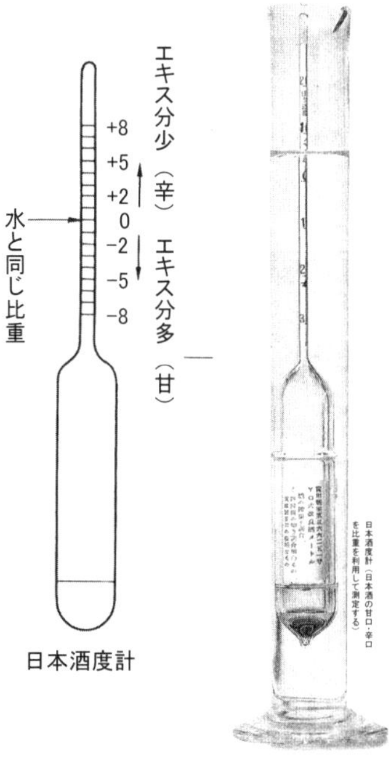

図Ⅲ -120　日本酒度計
（秋山・熊谷 1987・青柳編 1994）

からご飯はおいしくて，毎日食べても飽きないよね。

ジオ：そうだね。ところが，酒にした場合，こうした栄養分が多すぎると，アミノ酸度が高くなって，まったるい味になるんだ。
グラフィー，吟醸香という言葉を知ってる？

グラ：「こう」というのは香りのこと？

ジオ：そう。吟醸酒や大吟醸酒にみられるリンゴのようなフルーティーな香りで，これはエチルエステルの香りなんだよ（表Ⅲ -7）。
エチルエステルでも吟醸香があるのは二つだけで，香りの成分であるエステルを酵母がつくるけど，脂肪酸が多いとこのエステルをつくるのを邪魔するんだ。だから，「淡麗辛口」の酒をつくるためには，米の芯白部分だけの澄みきった状態にしておく必要がある。

グラ：つまり精米歩合を低くするのね。

ジオ：そう。これがサラーッとした水のように飲みやすい高品質の酒となるんだ。

グラ：お酒には甘口と辛口があるけど，これはどのように区別するの？

ジオ：メスシリンダーのなかに酒を入れて，日本酒度計を入れる（図Ⅲ -120）。エキスの量の違いというのは，酒の濃度を水の比重 0 とで表したものなんだ。
エキスの多くは糖分だから，これが多いと水の比重よりも高くなるからマイナス，つまりまったりとした甘口の味になる。逆にエキス分が少ないと比重が低くなるからプラス，つまり端麗な辛口の味になるんだ。

グラ：ちなみにこのお酒は？

表Ⅲ-8　全国新酒鑑評会トップクラス酒の成分の変遷

年 度	銘 柄	アルコール分	日本酒度	酸 度	備 考
昭和 9	梅 錦	16.3	-7.5	2.5	
11	千羽鶴	17.5	-10.5	2.4	
12	朝日山	16.2	-10.5	2.1	
20	眞 澄	17.5	1.0	2.0	
21	眞澄（イ）	18.2	-3.5	2.3	
23	誠 鏡	17.2	3.5	1.5	
24	四君子	16.0	4.4	1.7	
25	菊 川	16.0	5.0	1.3	
27	浦 霞	19.7	-2.0	1.9	
28	浦 霞	18.7	0.0	2.2	（上位平均＋1，1.9）
30	桜 冠	19.0	5.5	2.0	
31	酔 仙	18.1	3.5	1.7	
32	西 海	18.2	4.5	1.7	
33	浦 霞	17.8	3.0	1.6	（上位平均＋2.9，1.7）
36	上位酒	17～18.5	4.0	1.5～1.7	
38	〃（平均）	〃	4.0	1.5	
60	〃（平均）	17.0	4.0	1.4	
大正 15	賀茂鶴	16.1	1.5	2.4	第10全国品評会

（青柳・熊谷，1987）

ジオ：+5ぐらいだからやや辛口の酒ということになる。
酒のアルコール分と日本酒度，酸度の変化を，昭和9年から60年にかけて，そして大正15年で比較してみると（表Ⅲ-8），アルコール分は昭和20年代後半から30年代前半をピークに，現在の17度前後に落ち着いているんだ。

グラ：お酒の質は，昭和初期の甘くて酸っぱいものから，やや辛くて端麗なものに変化してきているね。

ジオ：次に，酒づくりの三大要素の二つ目が水で，酒造好適米に対して酒造好適水というのがあるんだよ。日本酒の約8割は水で，「銘酒あるところに名水あり」とよくいわれるけど，秋田，山形，新潟，富山，石川の各県のような日本海沿岸地域は，日本でも有数の酒処になっているね。

グラ：確かに，この地域のお水は美味しいわね。

ジオ：この酒造好適水というのは，米の発酵を助けて酒質を上げるのに適した水なんだ。

グラ：つまりお酒の仕込みにいい水。

ジオ：そう。しかも，カルシウムやマグネシウム，リン酸，カリウムといったミネラルを適度に含んでいる。言い換えると，鉄分やマンガンなどの成分がほとんどない水，これが酒造好適水なんだよ。
兵庫県の六甲の西宮駅から南の地域で六甲の水が湧き出ていて，こうした湧き水や地下水で灘の酒がつくられてきたんだ。ところが，1995年の阪神淡路大震災でこの地下水脈が切れてしまって，酒をつくれない蔵が出たんだよ。

グラ：灘の「宮水」とよくいうけど。

ジオ：六甲山地は花崗岩から形成されていて，ミネラルを含んだ硬水が湧き出るんだ。こ

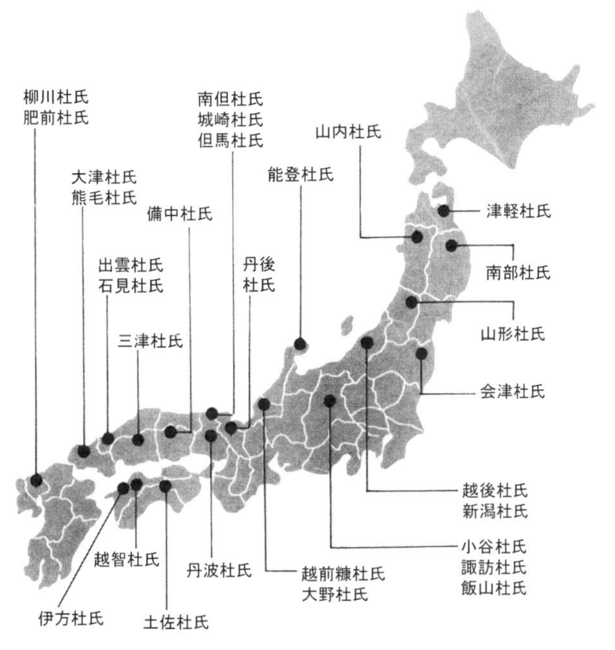

図Ⅲ -121　全国の杜氏分布図（青柳編 1994）

の水を使って播磨米がつくられるけど，これは硬質米で灘の酒の原料となっているんだ。

これに対して，京都の伏見では「白菊の水」，あるいは「御香水（ごこうすい）」とよばれていて，これらは軟水。

グラ：硬水や軟水というのは？

ジオ：硬度の違いで，硬度というのは水 1000ml あたりのカルシウムとマグネシウムの量のことなんだ。日本での一般的な分類では，100mg 未満を軟水，100 ～ 300mg を中硬水，300mg 以上を硬水といっている。酒づくりに適した水は，以前は硬水が多かったけど，今では軟水の方が向いているといわれているんだ。

そして，酒づくりの三大要素の三つ目が製造技術。つまり酒づくりの技だね。

グラ：お酒づくりにたずさわる人を杜氏（とうじ）というよね。

ジオ：杜氏の多くは新潟県出身の越後杜氏や新潟杜氏，その他には岩手県の南部や兵庫県の但馬，京都府の丹後出身が多いんだよ（図Ⅲ -121）。最近では，各地で若い杜氏が誕生していたり，これまでタブー視されてきた女性の杜氏も出てきているんだ。

清酒の主な生産地と消費地というのは，原料と材料，技術，この三者が兼ね備わった所，つまり日本海側なんだ（図Ⅲ -122・123）。

グラ：ジオのお薦めのお酒は？

ジオ：基本的には純米以上で，純米吟醸ならベター，純米大吟醸がベスト（表Ⅲ -6）。本醸造や普通酒は,味わいを調整するために醸造用アルコールが添加されているんだ。これは，主にサトウキビの糖蜜に酵母を加えて発酵して，それを蒸留させてつくったエタノールなんだ。

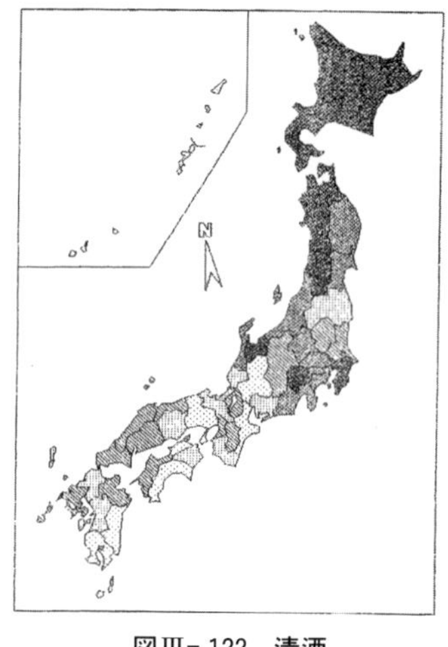

図Ⅲ-122　清酒
（鈴木・久保 1980）

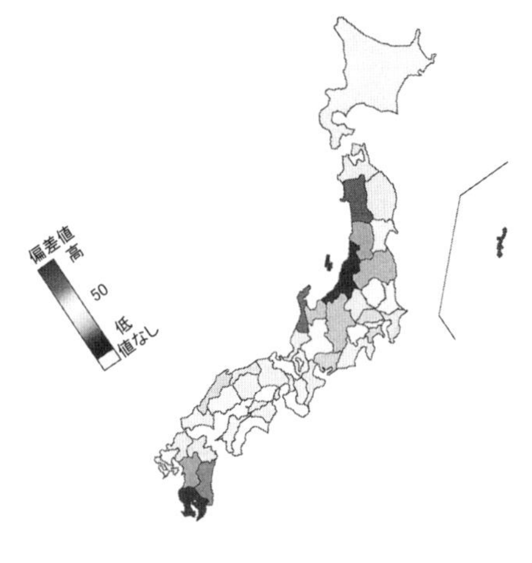

図Ⅲ-123　清酒（とどランHP 2017）

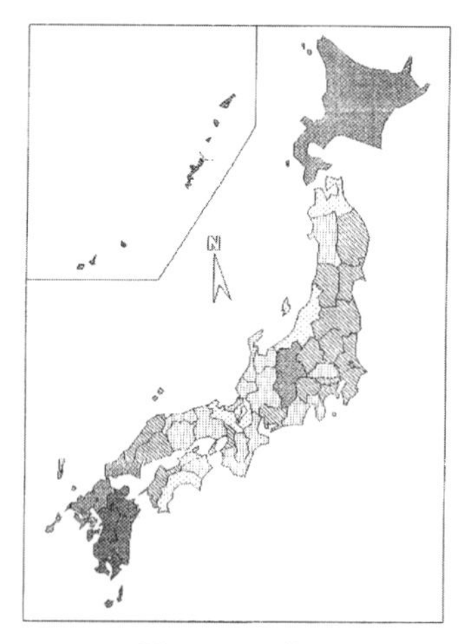

図Ⅲ-124　焼酎
（鈴木・久保 1980）

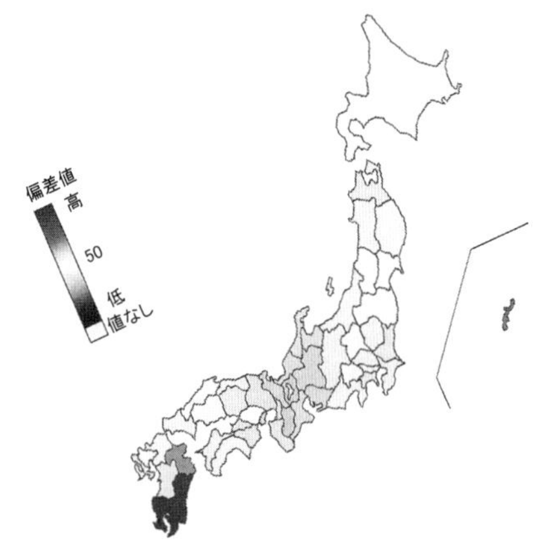

図Ⅲ-125　焼酎（とどランHP 2017）

ただし，大吟醸酒には5％以下の醸造用アルコールを添加しているものがあるけど，これは雑味を除いて吟醸香というフルーティな香りを出すためのもので問題ない。でもなかには，付け香（か）といって吟醸香を出すために匂いのエキスを添加しているものもあるんだ。

グラ：……。

ジオ：次に，その他の酒をまず焼酎からみると，焼酎の製造技術はエジプトに始まったといわれているんだ。消費量は以前九州と沖縄県で多かったけど（図Ⅲ-124），焼酎革命といわれて，今では全国で増加しているね（図Ⅲ-125）。

グラ：焼酎専門店もあるよね。

ジオ：主要な生産地は気候条件から温暖な地域に多くて，地域名をとって薩摩焼酎，球磨焼酎などとよばれているね。その原料も，イモをはじめとしてムギやソバ，キビ，

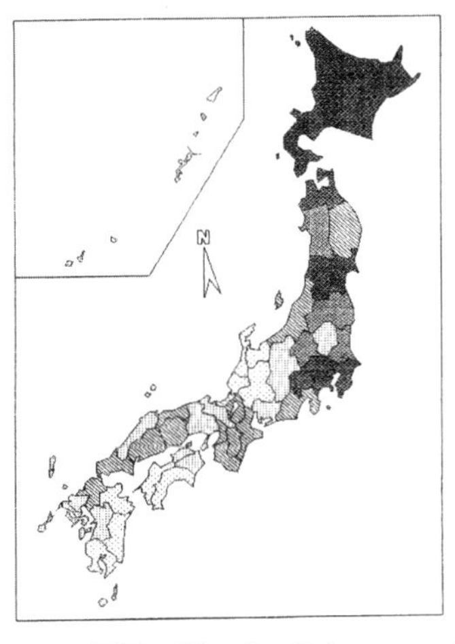

図Ⅲ-126　ウィスキー
（鈴木・久保 1980）

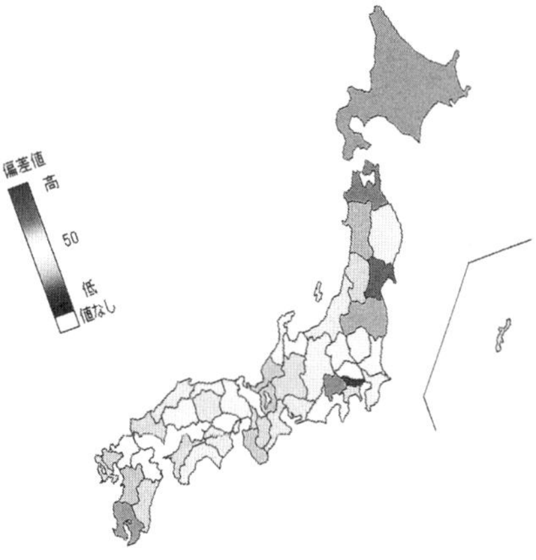

図Ⅲ-127　ウィスキー（とどランHP 2017）

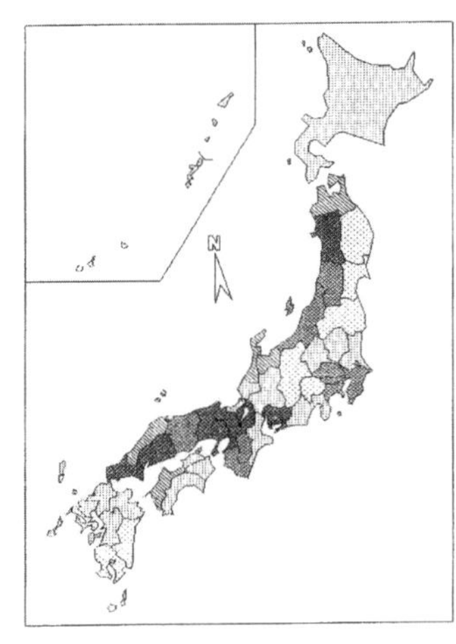

図Ⅲ-128　ビール
（鈴木・久保 1980）

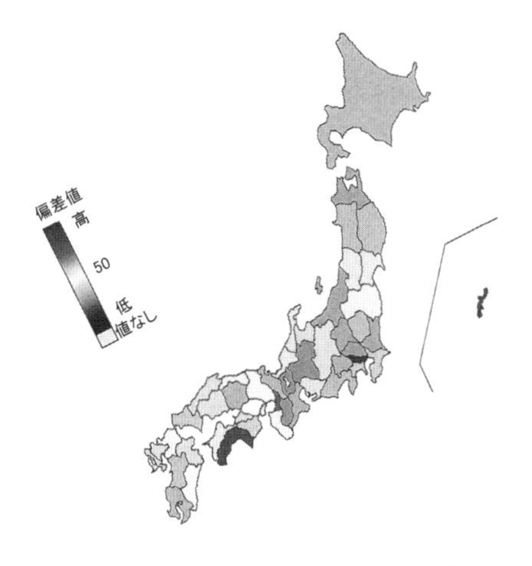

図Ⅲ-129　ビール（鈴木・久保 1980）

トウモロコシなど多様化している。

グラ：ウィスキーは東日本での消費量が多いわね（図Ⅲ-126・127）。

ジオ：宮城県や北海道，山梨県などに大手ウィスキーメーカーの蒸留所があって，消費量も多いね。
『環境と人の旅』でも紹介したけど，ビールの発祥地はメソポタミアで，シュメール人がパンをつくる工程で偶然に発見したといわれているんだ。

グラ：ビールの消費は関西で多かったけど（図Ⅲ-128），最近では大都市や高知県での増加がめだつね（図Ⅲ-129）。

ジオ：日本では，各地の都市部で生産され消費されているんだ。

グラ：なぜ都市でつくられているの？

ジオ：ビールは農村部でつくっても容量がかさんで重いし，ビンやカンで運ばなければな

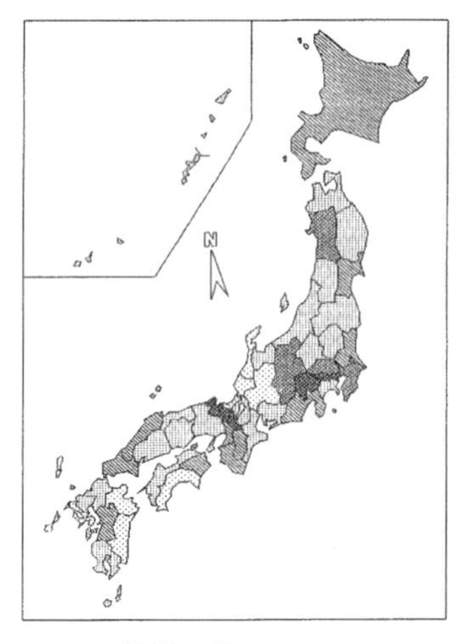

図Ⅲ -130　ワイン
（鈴木・久保 1980）

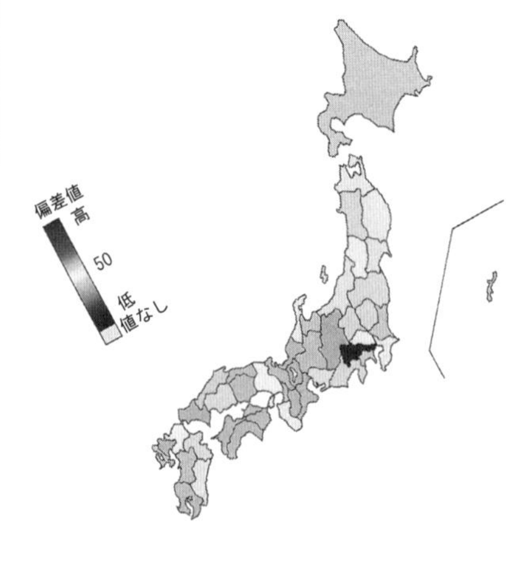

図Ⅲ -131　ワイン（とどランHP 2017）

らないために運搬コストが高いから，都市の工場でつくられるんだ。
主なビール工場は全国に約30カ所あるけど，なかでも国産ビールの発祥地の神奈川県の横浜や東京都の恵比寿，愛知県の千種，京都府の山崎，大阪府の吹田など，都市部に立地していて，ビールは市場立地型の工業といわれるんだ。

ジオ：次にワインだけど，最近日本人のワイン嗜好が増えてきたよね。

グラ：特に，赤ワインのポリフェノールが健康にいいということで，女性の支持層が拡大したわね。でも，このポリフェノールは多種多様で，実はお茶やチョコレート，ソバなどにもこのポリフェノールは含まれているの。なかでも身体にいいのは，ピクノジナル入りのポリフェノールね。

ジオ：ワインは，ヨーロッパをはじめとしてカリフォルニアやチリ，オーストラリア，南ア共和国など，地中海性気候区の地域を中心に世界各地に生産地があるよね。

グラ：ジオ，なぜヨーロッパのワインがいいの？

ジオ：もちろん技術の高さもあるけど，ヨーロッパの日照時間や年降水量などの気候や地質，土壌，地形などの自然環境に恵まれているし，特にフランスの土壌は石灰質でブドウの栽培に適しているといわれているんだ。

グラ：ワインの醸造には好条件なのね。

ジオ：これに対して，日本は雨が多くて土壌がワイン用のブドウの栽培には適していなかったけど，最近では土壌条件や品種などの環境が整えられて，日本のワインが世界的に評価されてきているんだ。消費量の多さは，東京都や京都府の都市部と産地の山梨県で変わらないね（図Ⅲ -130・131）。
ちなみに，今食べているブドウだけど，これは黒海とカスピ海との間のコーカサス地方（図Ⅲ -132）の原産といわれていて，日本には600年代に伝播してきたんだ。それを品種改良して，現在では各地で多種類のブドウが生産されているんだよ。

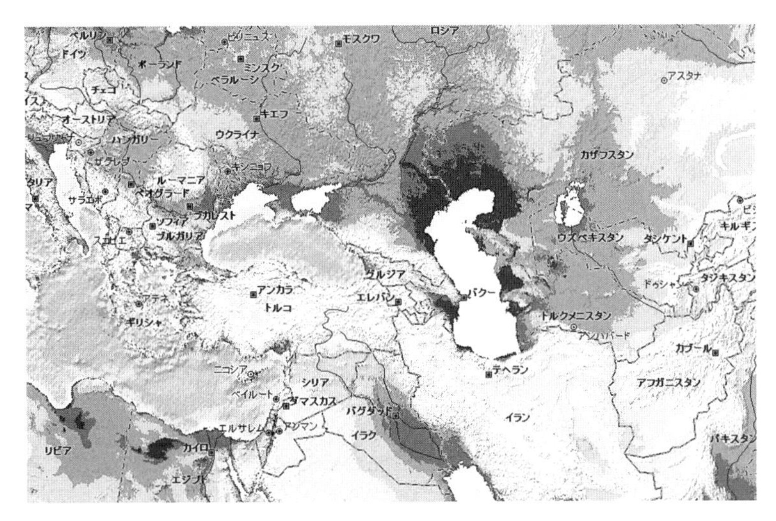

図Ⅲ -132　コーカサス地方（マイクロソフト 2001）

グラ：世界のワインの種類はどれくらいあるの？

ジオ：数十万種類といわれていて，なかでも高級銘柄品の産地では品質管理が厳しくて，ブドウの栽培は $1m^2$ 以下，実をつける枝も 1 本というように，生産量が厳重に制限されているんだ。フランスで，産地名を正式につけることを許可されたものは AOC ワイン（Appellation d' Origine Controelee「原産地統制呼称」）とよばれていて，AOC の O には Origine 産地名が入るんだ。AOC を略して AC ワインともよばれていて，それは約 250 種類で 2 割位しかないんだよ。

グラ：品質のいいものは，フランスでもそれ位なのね。

ジオ：このワインの等級は四つあって，上から極上，高級，選択摘み，そして遅摘み。選択摘みというのは，完熟した房のみを選んで醸造するもので，これをアウスレーゼというんだ。
また，シャンパーニュ地方以外の発泡性の白ワインをシャンパンとよぶことは法律で禁止されているんだ。

グラ：クリスマスの時の数百円のシャンパンは？

ジオ：本当はシャンパンではない。

グラ：……。

ジオ：次に酒のつまみだけど……。

グラ：お酒は酸性だから，おつまみとしていいのはアルカリ性の食品で，たとえば酢の物やサラダ，そして冷やっこや枝豆など植物性タンパク質を多く含んだものね。

ジオ：酒の後にそばがいいというのは？

グラ：ソバにビタミン B2 が含まれていてアルコールを吸収するの。

ジオ：スイカやカキがいいというのは？

グラ：アルコールが尿とともに排泄されやすいからなのよ。

グラ：ところでジオ，私たちはなぜお酒を飲むの？

ジオ：一つには健康だね。適度の酒は「百薬の長」といわれている。

グラ：適量であればね。

ジオ：……。

二つ目には至福の時を感じるからだよね。酒を味わうことで，やすらぎと喜びと幸せを感じる。そして，三つ目には酒がコミュニケーションの媒介になるからだね。大正 11 年（1922 年）に陶酔道人の『酒』という本が出たけど，ここにはともに飲むべき人，ともに飲むべからざる人があげられているんだ。

ともに飲むべき人
理屈少なく，雅懐（がかい）のある人　大風呂敷をひろげざる人
酒味を解し酒器を解し，酒肴（しゅこう）を解する人，他を議ざる人

ともに飲むべからざる人
悪疾（あくしつ）の人　威張る人　独りでばかりしゃべる人　梯子酒（はしござけ）の人
美服を誇る人　全く沈黙の人　唯単に酔えばよい人　無趣味の人
遊芸の半可通　議論する人　鯨飲（げいいん）の人　酔わぬ人
性欲に奔（はし）りやすい人　長座の人　酒量自慢の人

グラ：ジオ，雅懐というのは？

ジオ：風雅な心を持った人。また，悪疾はたちがよくない，半可通は知ったかぶり，鯨飲は大酒のみのことだね。

グラ：鯨飲馬食というものね。

ジオ：こうしてみると，酒は味わう飲み方をしなければいけないね。酒は酔うものだけではなくて，たしなむもので，楽しむものだよね。

グラ：これって，自分に言い聞かせてるんじゃないの？

ジオ：……。

第Ⅳ部　住　　居

1. 住居の特色

◆ 石の文化と木の文化

グラ：最後に住居についてみてゆくね。ここでは，住居のあり方を通して，テーマにしたように，石と木に代表される住居文化の違いとその背景を考えたいの。
今日の住居は，食べ物や衣服のように，好みや季節によって随時変えることのできない制約があって，数十年や百年単位という一生に1度や2度という単位でおつきあいをすることになるよね。
また，住居の材料としては，動物の毛皮や木・草などの植物とともに，粘土や石，鉄などの鉱物，はたまた氷などの自然界のあらゆるものが住居の材料となっているわね。

ジオ：自然の産物を利用するという点では，衣食と共通するね。

グラ：住居の特色は大きく三つあって，民族によって居住形態が違うの。まず民族性で，住居はそこに住む人びとの生活様式や生活文化の違いを反映しているのよ。次に地域性で，住居は各地域の風土や生業の影響を受けて，さまざまな特色をもっているのね。

ジオ：確かに，世界各地の自然環境によって，住居のあり方が違うね。

グラ：さらに，歴史性といって，住居はそれが形づくられてきた過程や時代的な背景を担っているのよ。このように，住居はさまざまな要素が重層した文化の複合体とみることができるの。

ジオ：日本の文化は複合発展文化だったよね。

グラ：そうね。日本の住居の起源は，モンゴルや中国，朝鮮半島などの東アジアと東南アジアやオセアニアにあるといわれているのね。住居を構成する各文化要素が，各地から日本列島に集積されて，そして接触し融合しながら形成されたと考えられているの。
このように，日本の住居は各地域の風土と文化が複合して発展したものなの。また，日本の文化は諸外国との交流を通して，外来文化を取り入れることによって，独自の文化を築いてきたのね。

グラ：次に，この住居を文化地理学的な視点からみてみると，私たちがある所に住む，居住するという日常の行為も実は地理学の研究の対象になるの。

ジオ：住居地理学という分野もあるよね。

グラ：これは，まず住居の構成要素別つまり屋根の型や間取りの型，建物の配置といった居住の形態や構造の分類と地域的な分布を明らかにするのね。次に，人びとの生活と密接にかかわる住居と，経済特に生業や社会との関連性をみるの。家族構成とか宗教などがそれね。さらに，住居形式あるいは住居様式の伝播や拡散の過程とその変化をみるの。

また，住居の地域的な特色を把握して，住居を指標とした地域区分をおこなって，庶民文化の地域的な特色を明らかにしてゆくのよ。

ジオ：今，世界の伝統的な住居が近代化の影響を受けて急減しているよね。

グラ：そうね。こうした世界各地の伝統的な住居の保存や再生，活用をめぐる問題の比較研究が，今後の住居研究の重要な課題と考えられているのよ。

2. 住居の起源と歴史

グラ：ここでは，住居の起源と歴史についてみてみるね。まず，その起源としては，人間の基本的な欲求である自然や外敵に対する防御や身を守るためなの。そのためにつくられたいわゆるシェルターから発達したもの，これが住居なのね。

ジオ：居住の歴史を探る方法は？

グラ：直接的には発掘調査を通した集落址の遺構や竪穴住居址などがあったり，間接的には遺物などに描かれた住居や文書，絵画資料などがあるわね。

ジオ：日本の住居はどう変化してきたの？

グラ：まず，旧石器時代の横穴などの洞窟での生活から，縄文時代には竪穴を掘って小屋がけをした円形・方形の竪穴住居に住むという生活に変わるわね。2016年に愛知県の西側北遺跡で草創期の竪穴建物の跡が発掘されたけど，1万年を遡る建物跡は全国で約20遺跡で確認されているの。その後，高床住居さらには土間式の平地住居での草葺き・板葺きの板屋に変わるの。

そして，日本の住居は明治時代以降に大きく変化してきたの。特に関東大震災や第二次世界大戦の終結後，高度経済成長期といった画期に日本の住宅様式は木造瓦葺きからスレート・プレハブや鉄骨・鉄筋などに大きく様変わりしたわね。

3. 住居の機能と分布

グラ：次に，住居の機能としては睡眠や休息，そして食事の場があるわね。
ジオ：この三つの場というのは，人間生活の最小限の空間だよね。
グラ：そうね。住居は第一義的には寝たり，起きたり，食事をしたりするところなのね。その他には，育児や教育，家財の管理，接客，そして隔離の空間となるの。
ジオ：この隔離というのは？
グラ：今，核家族化にともなって個室化の傾向が進んでいるけど，ワンルームのアパート，マンションがそのいい例ね。また従来の住居は，人の誕生から結婚そして死まで，冠婚葬祭や年中行事の場でもあったの。さらに，時代とともに家屋の機能が分化して，寝室や居室，食堂などに分かれてきたのね。
ジオ：従来の日本では，これらを寝間や居間，茶の間といってきたよね。
グラ：その次には，台所や物置，納戸（なんど），客間や応接間，書斎やアトリエといった一種の仕事場の空間が加わって，家屋の多様な機能分化が進んでいるの。
また最近では，ヨーロッパの住宅様式を取り入れて，出窓を設けて窓を大きく明るくして，しかも住み心地のよさを強調しているわね。
ジオの部屋は？
ジオ：ワンルームのマンション。
グラ：このワンルームは今いった機能のうちのいくつか，あるいはすべてを充しているよね。
また一方では，これまで職住分離であった日本の生活は，最近の在宅勤務のあり方をみると，都市の住居の一部がこれまでの農村と同じように，仕事場や生産の場になっている場合もあるわね。

◆ フレキシブルな空間

グラ：次に，従来の日本の民家のその他の機能分化としては，倉や別棟としての小屋，たとえば米倉や農具小屋，家畜小舎などに分かれていたのよ。さらに，民家の間取りをみると，大きく二つのタイプに分かれていて，それが広間型と四間（よま）取りという田の字型をしたものなの。
日本の民家の間取型の分布は，大きく東西に分かれるよね（図Ⅳ -1）。広間型は家の中央に囲炉裏（いろり）をもつ生活中心的な部屋で，台所と食堂を兼用していて，囲炉裏は冬場の暖房施設でもあるのね。これは，東北や北陸地方を中心に分布していたり，西日本の山地でよくみられるタイプで，積雪地域の生活とのかかわりでこうした間取りとなったのね。

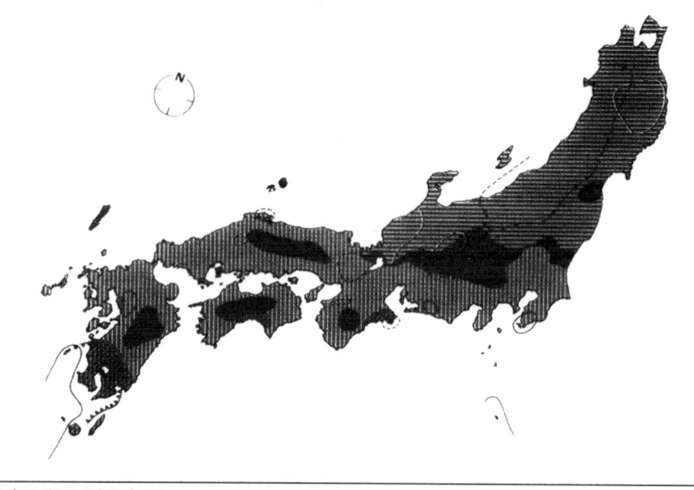

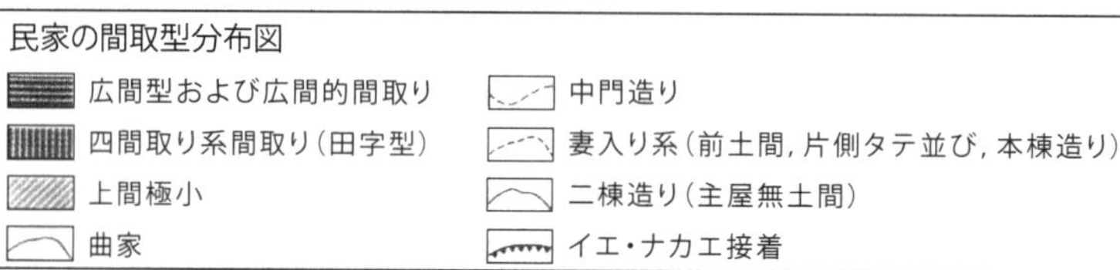

図Ⅳ-1　民家の間取型分布図（浮田ほか編 1984）

ジオ：四間取りというのは？

グラ：これは障子や襖で田の字型に仕切る開放的な構造で，「フレキシブルな空間」ともいって，日本の民家の根本をなすものなの。これは，南関東から東海そして近畿以西でみられる間取りで，やや湿潤な地域に分布しているのよ。

ジオ：民家の間取りは，最近では家族ごとに個室化の傾向にあるよね。

グラ：そうね。少子化や核家族化の影響で家族構成員ごとに分化する傾向があって，一つ屋根でも別の部屋を持つようになってきているわね。

欧米では，生まれた時から個々人の部屋が確保されているのよ。赤ちゃんもベッドで別に寝るの。欧米の家族を日本に招待した時によくあるトラブルとして，客室に家族の布団を敷いたら，個室に慣れている彼らは寝れないらしいの。

また，こういうエピソードがあったのよ。中東の王室を日本に招聘した時に，超一流のホテルに一人ずつ部屋を用意したらしいの。それでもクレームがついて，家族一人ひとりにスイートルームをあてがったらしいのよ。

ジオ：……。

グラ：それから，従来の日本では「ご隠居」とよばれる老人の扱いがあったの。

ジオ：現役ご苦労様でしたというわけね。

グラ：従来は母屋に対して，離れという隠居部屋があったの。

ジオ：最近では，これが二世帯住宅になっているね。

グラ：さらに，本家と分家との問題も多いのよ。これは，大家族の場合に次男以下の家族

写真Ⅳ-1　砺波の散村（片平ほか 2017）

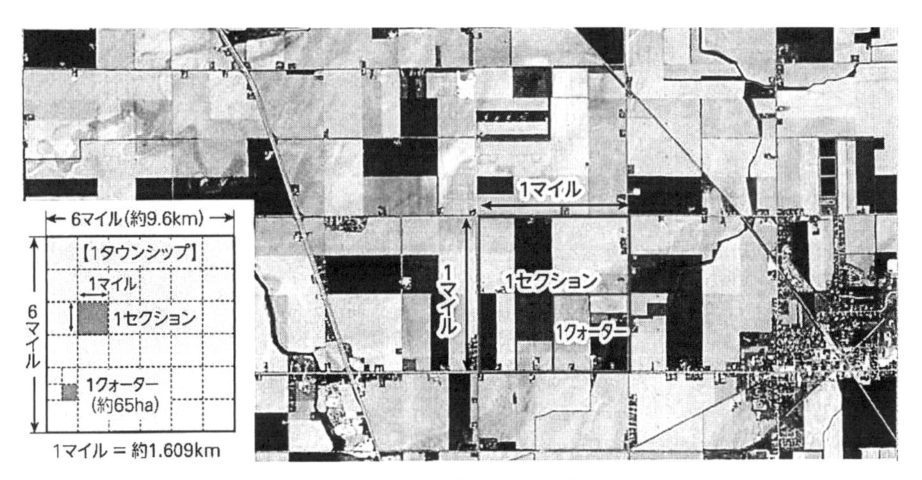

写真Ⅳ-2　タウンシップと散村（山本ほか 2017）

におこる問題で，建物としての家とともに，家族構成としての「いえ」が分かれてゆくの。そうしたなかには，遺産相続といったトラブルも生じたりするようね。

また住居の分布状況をみてみると，村落には住居が1戸ずつ孤立分散する散村と住居が密集した集村とがあるの。散村は散居集落や孤立荘宅ともよばれているのよ。山間地では住居が散在しているところがあったり，また富山県の砺波平野（写真Ⅳ-1）や鳥取県の出雲平野，静岡県の大井川下流域平野では散村形態をなしているわね。また，アメリカ合衆国やカナダには，18世紀後半から施行された「公有地分割制度」に基づいて，タウンシップ（6マイル四方）を36のセクションに分けて，さらにそれを4分割した1クウォーターに農家を入植させたの。これも散村の形態をしているのよ（写真Ⅳ-2）。

写真Ⅳ -3　ドイツの塊村（片平ほか 2017）

グラ：これに対して，集村には塊村や円村（環村），列村（連村），路村，街村などの形態があるの。特に塊村の場合，住居が不規則に密集していて，防御や共同生活を営むために，自然発生的に成立している場合が多いのよ（写真Ⅳ -3）。
日本では西日本に多くて，山城盆地や大和盆地，近江平野や河内平野のように，農家が水田のなかに塊村を形成しているところもあるの。

4. 日本の屋根景観

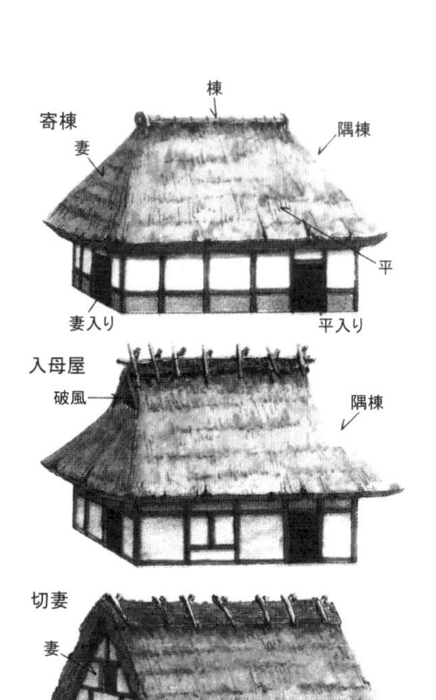

図Ⅳ -2　草屋根の構造と屋根形
（浮田ほか編 1984）

グラ：次に，日本の屋根の景観をみてみると，大きくは寄棟（よせむね）と入母屋（いりもや），そして切妻（きりづま）に三区分されるの。草屋根の構造と屋根の形をみると（図Ⅳ -2），部位によって各名称があって，隅棟（すみむね）は 4 方向に降りている棟のことで，平は屋根面が流れる方で，妻は三角形の切り口の方なの。
ジオ：破風（はふ）というのは？
グラ：妻側の上部の屋根窓のことね。
ジオ：出入り口の位置で名称が違うね。
グラ：これは平入りとか妻入りといって，平入りは建物の大棟と平行な側面に入口があるものなの。また，妻入りは棟と直角の壁面に入口があって，北陸や長野県で多くみられる構造ね。
寄棟は平と妻に四つの斜面をもつ型で，四注造りさらには東屋（あずまや）（四阿）ともいうのよ。切妻は頂点に棟の稜線が 1 本通っていて，平に二つの斜面をもつ型で，妻をカットした構造なので切妻なの。この寄棟と切妻を組み合せたものが入母屋で，上半分を切妻，下半分を寄棟にした複合形になっているのよ。
日本の民家の草屋根型の分布をみてみると（図Ⅳ -3），

写真Ⅳ-4 丹波地方の入母屋民家
(浮田ほか編 1984)

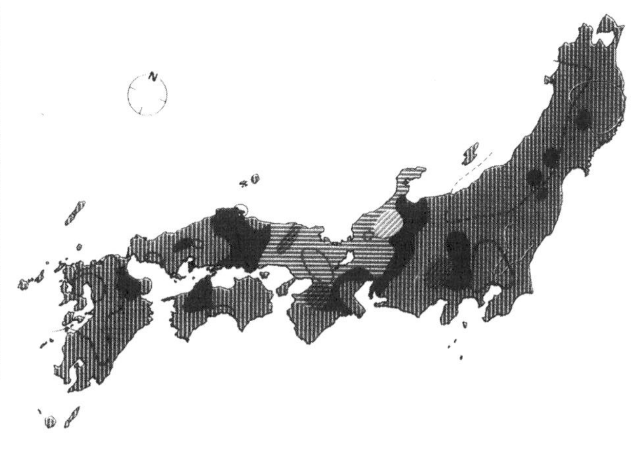

民家の草屋根型分布図
寄棟
入母屋
切妻
三基本型
曲家
曲家類似
L字型
中門造り
くど造り
(原図:杉本尚次)

図Ⅳ-3 民家の草屋根型分布図
(浮田ほか編 1984)

全般的には寄棟が多くて，近畿や北陸で入母屋，一部の主に内陸地域で切妻になっているのがわかるわね。京都府の丹波地方では，屋根の上は切妻で下は寄棟の入母屋の民家がみられるの（写真Ⅳ-4）。屋根は，全体的には藁葺きで寄棟の四隅が瓦葺きになっているのよ。

5. 日本の特殊な住居

◆ 母屋と馬屋

グラ：次に，日本の特殊な住居をみると，地域によって家屋の構造と屋根の角度に違いがみられるのよ。まず曲り家だけど，これは馬屋を突出させてL字型にした家屋なの。岩手県の南部地方の曲り家をみると（写真Ⅳ-5），左の馬屋と右の母屋を結合したL字型になっているのよ。

ジオ：岩手の南部地方というと，柳田國男の『遠野物語』の舞台だよね。

グラ：そうね。南部鉄や南部杜氏としても有名で，南部駒の産地でもあるのよ。馬の飼育を奨励した江戸時代の中期から，この曲り家という家屋形態が増えてきたのね。これまでは人間と馬とが共存していたけど，今は馬の飼育が減って馬屋は物置に転用されているの。

写真Ⅳ-5　岩手県遠野盆地の曲り家
（浮田ほか編 1984）

写真Ⅳ-6　中門づくりの農家（市川ほか監 1991）

写真Ⅳ-7　岐阜県白川郷の合掌づくり
（浮田ほか編 1984）

写真Ⅳ-8　富山県五箇山の合掌づくり

次に，中門づくりという農家の建物ね（写真Ⅳ-6）。これは母屋に中門とよばれる突出部の馬屋をつけたもので，東北地方の秋田県や山形県，新潟県といった日本海沿岸地域でみられるわね。

ジオ：岩手県の曲り屋と同じ構造だね。

グラ：雪国では，母屋と馬屋を一つ屋根の下に入れることで，台所や居間のいろりから出る熱気が天井を通して家中に伝わるよう工夫されているのよ。
また，合掌造りは急勾配の切妻屋根で，内部は何層にもなっていて住宅兼養蚕の部屋をもつ構造なの。岐阜県の白川郷（写真Ⅳ-7）や富山県の五箇山（写真Ⅳ-8）にみられる住居がそうね。

ジオ：ともに世界遺産に登録されているね。

グラ：雪の多い地域なので屋根は急勾配で，降った雪が落ちやすくなっているわね。白川郷では，日光で雪が溶けやすいように東西方向を向いて立地しているし，五箇山では，日本海側からの豪雪のために，屋根の角度が白川郷よりも急になっているの。

ジオ：積雪のある東北日本の屋根の勾配は急になっている家が多いね。

グラ：奈良盆地では大和棟という家屋があって（写真Ⅳ-9），屋根の勾配を２段にしているのが特徴なの。母屋は高塀（たかへ）と落ち棟になっていて，大小の切妻で白のしっくいで

写真Ⅳ -9　奈良盆地の大和棟（浮田ほか編 1984）

写真Ⅳ -10　佐賀県筑紫平野のくどづくり
（浮田ほか編 1984）

写真Ⅳ -11　沖縄県石垣島の民家（浮田ほか編 1984）

写真Ⅳ -12　竹富島の石垣の民家

塗り固めてあるのよ。その下は釜屋つまり炊事場になっていて，土塀が屋敷全体を取り囲んでいるの。奈良県や大阪府の古い民家でみられる屋根の景観ね。

ジオ：寄棟型の屋根をしているこの建物は（写真Ⅳ -10）？

グラ：これはくどづくりといって，上から見るとコの字型の家屋がかまどの形をしていることからきているの。北部九州ではかまどのことを「くど」といって，このかまどに似ているからくどづくりとよばれていて，佐賀県の筑紫平野でみられるものなの。
沖縄県では，二棟（ふたむね）づくりの伝統的な住居があるわね（写真Ⅳ -11）。これは，母屋と釜屋（炊事場）を別棟にしたもので，鹿児島県の南部にも分布するの。
ジオ，屋根に注目してみて。傾斜が急だと暴風で瓦が飛んでしまうので，台風の風水害を避けるために屋根が低くて，白のしっくいで固めているの。

ジオ：家の周りは石垣で囲まれてるね（写真Ⅳ -12）。

6. 世界の住居と風土

◆ 気候環境と住居

グラ：次に，世界各地の住居が自然環境によってどのように規定されて，どのような形態や構造になっているのかをみていくね。世界の住居をみると，特に気候環境の違いによって住居の景観や材料，構造が違うのよ。

ジオ：高緯度地域や低緯度地域では，高床の構造になっているよね。

グラ：そうね。寒帯地域では戸外への放熱を防ぐために高床にしているよね。これに対して，熱帯地域では湿気と病気の蔓延，動物の害を防ぐために高床になっていて，同じ家屋の構造でも気候によって特徴が違うのよ。

ヨーロッパでは，木の柱を骨組みにした木骨構造の建築様式が多くて，ハーフティンバーとよばれているの。壁の部分はしっくいやレンガ，石材が使われていて，1階部分は石壁になっているのよ（写真Ⅳ -13）。また，より多くの日光を部屋に取り込むために，出窓に特色があるわね。

ジオ：同じ温帯の日本でも出窓の家が多いけど，防犯上や冬場の結露，台風などの災害上の問題もあるよね。

グラ：高緯度地域と違って，日本では外観が重視されているわね。

グラ：熱帯や亜熱帯の高温多湿の地域では，さまざまな高床式の住居がみられるのよ。たとえば，マレーシアなどでは，ロングハウスという長屋式の住居で数家族が共同で生活しているところがあるの（写真Ⅳ -14）。湿気を防ぐために高床式になっていて，床はすき間のあいた竹張りで，床下からの風通しをよくしているのよ。床下では家

写真Ⅳ -13　ヨーロッパの住居（澁沢・佐野監 1983）

写真Ⅳ -14　ロングハウス（澁沢・佐野監 1983）

写真Ⅳ-15　トラジャ族の高床式住居（澁沢・佐野監 1983）

写真Ⅳ-16　水上家屋（澁沢・佐野監 1983）

写真Ⅳ-17　蛋民（Wikipedia HP 2018）

畜が飼われていることが多くて，廊下は作業場や社交場になっているの。

ジオ：船のような形をした家だね（写真Ⅳ-15）。

グラ：インドネシアのトラジャ族が「天の鳥舟」といっている高床式の住居で，前後に舳先（へさき）をつけた舟形をしているの。屋根が非常に長く，その両端が高く，天に向かってはね上がっているわね。トラジャ族は，自分達は天から降臨した神の末裔と信じて，葬祭を天上へ魂を立ち戻らせる歓びの旅立ちととらえているの。

また，水上家屋あるいは杭上（こうじょう）家屋といって，海辺や湖，川の浅瀬に杭を立てた高床式の住居があるの（写真Ⅳ-16）。高床式のために，外的や野獣の侵入を防止したり，風土病の予防，防暑などの利点があるのよ。こうした地域では，家同士を渡り廊下でつないで往来したり，小舟が重要な交通手段となっているの。

また，舟の上で生活が営まれている所もあって，中国の華南地域ではこうした水上生活者のことを蛋民（たんみん）といっているのよ（写真Ⅳ-17）。

グラ：乾燥地域なると，アドベとよばれる日干しレンガでつくった家が多くなるの（写真Ⅳ-18）。これは，泥と藁を混ぜて型にはめて形を整え，それを日干しする簡単なものなの（写真Ⅳ-19）。平らな屋根と厚い壁，窓を小さくして，防暑や防寒，日

写真Ⅳ-18 サハラの日干しレンガの家
（澁沢・佐野監 1983）

写真Ⅳ-19 日干しレンガづくり（板垣編 1985）

写真Ⅳ-20 モンゴルのゲル（澁沢・佐野監 1983）

写真Ⅳ-21 ベドウィン族のテント（澁沢・佐野監 1983）

較差による温度変化に対応した構造になっているの。ただ，レンガを積み上げてつくっているために，地震などが起きると家が完全に倒壊することが多いのよ。

ジオ：また土に戻るんだ……。

グラ：……。

半乾燥の草原地帯では，移動式の簡易住居（写真Ⅳ-20）を利用した遊牧生活が営まれていて，住居は移動に便利なように組み立て式の構造になっているわね。こうした移動式の簡易住居やテントのことを，モンゴルや内モンゴルではゲル，中国ではパオ，中央アジアではユルトといっているの。

グラ：ベドウィンというのはアラビア語で「砂漠の住人」という意味だけど，北アフリカから西アジアの砂漠地帯に住むベドウィン族は，ヒツジの餌の草と水場を求めて移動する遊牧民族で，ワジとよばれる涸れ川などの低地に，ヒツジの毛で織ったテントを張って生活するのね（写真Ⅳ-21）。幕で仕切った方が女性の部屋で調理用の炉や炊事場があり，横幕のない風通しのよい方が男性の部屋で客間にもなるのよ。このように，テントの中でも宗教的に男女が分かれているの。

また，中国内陸部の黄土高原には，地面を掘り下げてつくった中庭と四方に横穴を

写真Ⅳ-22 ヤオトン（滋沢・佐野監 1983）

写真Ⅳ-23 ログハウス（滋沢・佐野監 1983）

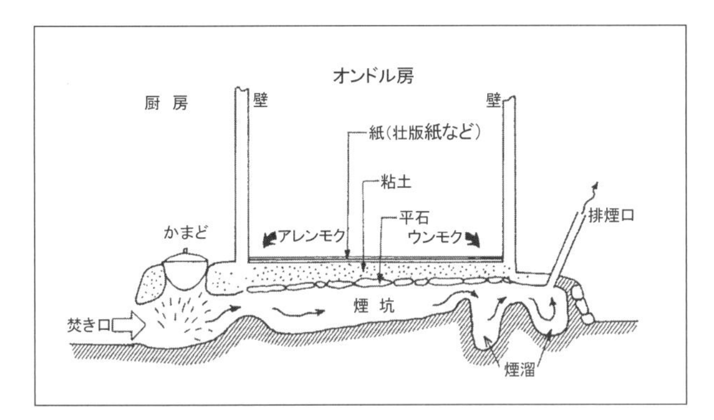

図Ⅳ-4 オンドルの構造（月刊しにか編集室 2002）

掘った住居があって，これをヤオトンというの（写真Ⅳ-22)。中庭は共有のスペースになっていて，そこには井戸があって集会場にもなるの。寒暖差の激しいこの地域では，このヤオトンは，室内の温度を一定に保ったり，黄土高原の砂やほこりを防止する最適の住居なのね。また，ヤオトンには黄土の崖に直接横穴を掘って住居にしたものもあるのよ。

グラ：亜寒帯や冷温帯になると，同じサイズの丸太を組み合わせて積み上げた木造りの家が多くて，シベリアではこれをイズバというの。

また，針葉樹の純林からなるタイガ地帯では，ログハウスという丸太づくりの家がつくられているわね（写真Ⅳ-23)。積雪に備えるために，屋根は急傾斜で建物内の暖房熱が地下の凍土を溶かすことのないように高床式になってるの。

ジオ：カナダやロシアのログハウスが今日本でも流行していて，木づくりの家が見直されているね。

グラ：こうした亜寒帯や冷温帯では暖房設備が発達していて，シベリアではペチカという暖炉，朝鮮半島ではオンドルがみられるの（図Ⅳ-4)。これは，床下暖房といって，韓国では昔は4層構造になっていたけど，今はカーペットがビニールシート張りになっているわね。また，燃料も以前の木材から練炭，そして今では重油に変わっているのよ。

寒帯では，以前はカナダのイヌイットの人たちがイグルー（写真Ⅳ-24）とよばれ

写真Ⅳ-24　イグルー（澁沢・佐野監 1983）

る氷や雪を固めてらせん状に積み上げた半地下式の家をつくっていたことがあるの。夏にはツピクという獣の皮のテントを利用する人たちもいるわね。

ジオ：こうして衣食住をふり返ってみると，人びとの生活のベースには自然環境の違いがあって，それが世界各地で多種多様な文化を形成しているんだね。

おわりに

本書では，テーマを「人びとの生活と風土」とした。衣食住をはじめとする人びとの生活は，そこでの自然環境や宗教などと密接にかかわっている。とりわけ，衣服においては気候環境や宗教，食においては気候環境と土地利用の違い，住居においては気候環境とそこで生産される植物や鉱物その他が住居の材料となっており，景観や構造が異なる。このように，風土の違いが各地域における独自の衣食住のあり方を示している。

従来，日本の文化は，列島の自然環境とその変化のなかで育まれるとともに，外来文化の影響を受けてきた。すなわち，アジアの東に位置する日本列島は，東北アジアの亜寒帯地域から東南アジアの熱帯・亜熱帯地域にいたる広域文化圏との交流のなかで，自然に入ってくるものや人為的に取り込んだものを，日本文化の一要素としている。日本の文化は，こうした風土のなかで醸し出されるとともに，外来文化と複合させて独自の文化として発展した複合発展文化といえる。

また一方では，日本の風土で培われてきた伝統的な文化が，徐々に失われようとしている。古代の人びとの生活の実態が明らかになるなかで，現代人の生活のあり方が今問われている。自然と共存するなかで育まれた古代の人びとの生活のあり方に，われわれ現代人の学ぶところは少なくない。

最後になりましたが，本書の刊行をご快諾賜りました古今書院の橋本寿資社長に御礼を申し上げます。また，ご多忙のなか編集をご担当いただきました原 光一氏には，本書の構成等でご検討をいただき，ご教示を賜りました。重ねて厚く御礼を申し上げます。

2018 年 11 月　　外山秀一

文献・資料

【文献・資料】

青柳正美編 1994『吟醸酒の研究』中央公論社.

秋山裕一・熊谷知栄子 1987『吟醸酒のはなし』技報堂出版.

朝倉治彦ほか編 2001『事物起源辞典 衣食住編』東京堂出版.

網野善彦 1982『東と西の語る日本の歴史』そしえて.

荒牧重雄・鈴木秀夫監 1986『日本列島誕生の謎をさぐる』福武書店.

有吉佐和子 1982『開幕ベルは華やかに』新潮社.

石川松太郎校注 1973『庭訓往来』平凡社.

石毛直道ほか 1984『暮しの文化人類学』PHP研究所.

石毛直道 1995『食の文化地理 舌のフィールドワーク』朝日新聞社.

板垣勝義編 1985『週刊朝日百科 世界の地理 96 エジプト・リビア』朝日新聞社.

板沢武雄 1948『衣食住の歴史』羽田書店.

市川正巳・西川 治・小峯 勇監 1991『社会科 日本の地理①国土のすがた』学習研究社.

一田昌利 2003「新しいシルク素材としての野蚕」繊維と工業 59-9.

井筒雅風ほか編 1976『食事と住居 江馬 務著作集 第５巻』中央公論社.

井筒雅風 1982『原色日本服飾史』光琳社出版.

井筒雅風ほか編 1988『服装の歴史 江馬 務著作集 第２巻』中央公論社.

井波律子 2008『中国名言集 一日一言』岩波書店.

伊藤鄭爾 1958「住居の歴史」西岡虎之助ほか監『郷土研究講座 第３巻（家）』角川書店.

今泉忠明 1987『動物たちの「衣・食・住」学』同文書院.

浮田典良ほか編 1984『週刊朝日百科 世界の地理 50　日本の暮らしと文化』朝日新聞社.

宇田津徹朗・高橋 護・外山秀一・佐藤洋一郎 2002「縄文時代のイネと稲作」佐藤洋一郎編『SCIENCE OF HUMANITY Vol.41 －縄文農耕を捉え直す－』勉誠出版.

江上波夫 1967『騎馬民族国家 日本古代史へのアプローチ』中央公論社.

餌取章男 1994『ちょっとトクする「たべもの」のはなし－食べ物をめぐる 50 の物語』三田出版会.

江原絢子・石川尚子・東四柳祥子 2009『日本食物史』吉川弘文館.

大石貞男 1989『東西の食文化－日本のまんなかの村から考える－』農山漁村文化協会.

大島襄二 1976『文化地理学序説』理想社.

大島襄二・浮田典良・佐々木高明編 1989『文化地理学』古今書院.

大塚 滋 1975『食の文化史』中央公論社.

大野 晋 1957『日本語の起源』岩波書店.

大野 晋・宮本常一ほか 1981『東日本と西日本』日本エディタースクール出版部.

大場磐雄 1958「住居の考古學」西岡虎之助ほか監『郷土研究講座 第３巻（家）』角川書店.

大間知篤三ほか編 1958『日本民俗学大系 第６巻 生活と民俗（1)』平凡社.

小沢朝江・水沼淑子 2006『日本住居史』吉川弘文館.

小幡彌太郎 1961『日本人のたべもの』河出書房新社.

尾本恵市・埴原和郎監著 1986『体から日本人の起源をさぐる』福武書店.

賀川豊彦 1946『新日本の衣食住－かくすれば困らない－』朝日新聞社.

笠懸町岩宿文化資料館 2001『日本人のルーツを探る：日本人類史の検討』第 33 回企画展 ・第 16 回国民文化祭ぐんま.

笠原一男 1973『詳説 日本史研究』山川出版社.

片平博文ほか 2017『新詳細地理Ｂ』帝国書院.

河野友美 1991『食の科学選書3 食文化と嗜好』光琳.
菊地俊夫・岡 秀一編 2003『住の世界－私たちの住を考える－』二宮書店.
桐生 操 1992『やんごとなき姫君たちのトイレ』TOTO出版.
熊倉功夫 2007『日本料理の歴史』吉川弘文館.
栗原堅三 2012『うま味って何だろう』岩波書店.
月刊しにか編集部 2002『まるごと韓国』大修館書店.
小泉武夫 2002『発酵は力なり－食と人類の知恵』日本放送出版協会.
小泉武夫 2010『鯨は国を助く』小学館.
国史大辞典編集委員会編 1979『国史大辞典』吉川弘文館.
後藤守一 1955『衣服の歴史』河出書房.
後藤守一 1956「日本衣食住の形成」後藤守一・石母田 正編『日本考古学講座 第7巻 歴史時代 中世・近世』河出書房.
後藤守一・宮本太郎 1956「日本衣食住の成立」後藤守一・石母田 正編『日本考古学講座 第7巻 歴史時代 中世・近世』河出書房.
小林 章 1986『果物と日本人』日本放送出版協会.
近藤 弘 1975『日本人とたべもの』毎日新聞社.
近藤 弘 1976『日本人の味覚』中央公論社.
斉藤 忠編 1986『日本考古学論集 2 集落と衣食住』吉川弘文館.
佐原 真 1993『騎馬民族は来なかった』日本放送出版協会.
佐原 真 1997『魏志倭人伝の考古学』(財) 歴史民俗博物館振興会.
篠田 統 1976「食物の変遷，住居の歴史」井筒雅風ほか編『食事と住居 江馬 務著作集 第5巻』中央公論社.
澁沢文隆・佐藤金吾編 1983『最新版 世界地理 人々の生活と環境』学習研究社.
白井明大・有賀一広 2012『日本の七十二候を楽しむ－旧暦のある暮らし－』東邦出版.
神宮司庁編 1931『古事類苑』古事類苑刊行会.
水津一朗 1969『石の文化・木の文化』古今書院
杉本尚次 1975「古代住居とその系統－地理学的・民族学的考察の試み」大林太良編『家』社会思想社.
鈴木武雄 1948『衣食住はどうなるか』旺文社.
鈴木秀夫 1978『森林の思考・砂漠の思考』日本放送出版協会.
鈴木秀夫・久保幸夫 1980『日本の食生活』朝倉書店.
瀬川清子 1964『日本人の衣食住 日本の民俗 第2巻』河出書房新社.
通産省 1993『商業統計表 特定業態店統計編（一般飲食店）1992年版』.
高田倭男 1995『服装の歴史』中央公論社.
高橋 学 2004「都市環境史序説」日下雅義編『地形環境と歴史景観』古今書院.
竹内 誠監 2003『江戸庶民の衣食住』学習研究社.
武井正明・武井昭信 2015『地理の完成』山川出版社.
武田佐知子 1984『古代国家の形成と衣服制－袴と貫頭衣』吉川弘文館.
武田佐知子 1998『衣服で読み直す日本史 男装と王権』朝日新聞社.
武光 誠 2009『食の進化から日本の歴史を読む方法』河出書房新社.
丹野 郁 1981「ドレーパリー」朝日新聞社編『朝日百科 世界の歴史 紀元前の世界1』朝日新聞社.
地井昭夫・中村茂樹編 1984『住生活の観察 吉阪隆正集 第2巻』頸草書房.
地井昭夫・田中滋夫編 1986『住居の意味 吉阪隆正集 第3巻』頸草書房.
地理用語研究会編 2014『地理用語集』山川出版社.
総務庁統計局 1994『家計調査年報 1993年版』.
辻原康夫 2008『食の歴史を世界地図から読む方法』河出書房新社.
陶酔道人 1922『酒』家庭新聞社.

坪井洋文 1979『イモと日本人－民俗文化論の課題－』未来社.
外山秀一 1996「多彩な食材を使うグルメ志向」『歴史と旅』秋田書店.
外山秀一 2002「米と日本文化」大神神社監『日本文化のなかの自然と信仰』大神神社.
外山秀一 2008『自然と人間との関係史』古今書院.
中込省三 1975『日本の衣服産業－衣料品の生産と流通－』東洋経済新報社.
中山誠二 2010『植物考古学と日本の農耕の起源』同成社.
成田美代・水谷令子・久保さつき・松本亜希子 1998「三種なれずしの比較」鈴鹿短期大学紀要.
西岡虎之助ほか監 1958『郷土研究講座 第3巻 家』角川書店.
西垣晴次 1977「衣食住の歴史」朝尾直弘編『岩波講座 日本の歴史 26 別巻3 日本史研究の現状』岩波書店.
二宮書店編集部 2017『データブックオブ・ザ・ワールド』二宮書店.
野沢 敬編 1984『週刊朝日百科 世界の地理 50』朝日新聞社.
長谷川真理子 1997『オスとメス・性はなぜあるのか』日本放送出版協会.
樋口清之監 1983『食べものおもしろ事典』主婦と生活社.
平野雅章 1985『たべもの語源考』雄山閣.
別技篤彦 1994『世界の生活文化』帝国書院.
真尾 栄編 1989『図解・衣食住［きまりごと］百科』主婦と生活社.
増田美子編 2010『日本衣服史』吉川弘文館.
三重県 1994「まつり博・三重 94 公式ガイドブック」三重県.
宮本常一 1977『宮本常一著作集 24 食生活雑考』未来社.
宮本常一 2007『日本人の住まい－生きる場のかたちとその変遷』農山漁村文化協会.
宮本長二郎 2001「イエを語る」文化庁・第16回国民文化祭実行委員会編『シンポジウム 「日本人のルーツを探る」－衣・食・住を中心として－』(第9回岩宿フォーラム).
村上信彦 1955『服装の歴史 全3巻』評論社.
矢島 稔 1990『昆虫たちの「衣・食・住」学』同文書院.
柳田国男ほか 1969『稲の日本史 上』筑摩書房.
八原昌元 1995『食の原点に生きる－体験的「日本の食と食文化」論－』日本食糧新聞社.
山内義治 1993『食が人を支配する』渓水社.
山梨県 1998『山梨県史 資料編1 原始・古代1』山梨県.
山本正三ほか 2017『新編 詳細地理B』二宮書店.
吉阪隆正 1965『住居学』相模書房.
吉田金彦 1996『衣食住語源辞典』東京堂出版.
読売新聞外報部 1982『特派員報告－世界の衣食住－』三修社.
鷲田清一 1998『ひとはなぜ服を着るのか』日本放送出版協会.
渡部忠世 1993『日本から水田が消える日』岩波書店.
L. ローランド・ワーン 2005『衣服の歴史図鑑「知」のビジュアル百科 14』あすなろ書房.

【地図・統計・写真資料】

二宮書店編集部 2017『データブック オブ・ザ・ワールド』二宮書店.
全国商工業共同組合連合会ほか 2008「適温で淹れる」資料.

【新聞記事】

「好きな麺類」朝日新聞社 1996. 5. 26.
「日本人に多い味覚障害」中日新聞社 2002. 5. 26.
「クジラ」中日新聞社 2003. 6. 21.
「時間栄養学」中日新聞社 2011. 11. 1.

「まよわーずマヨネーズ」中日新聞社
「昆布からうま味発見」中日新聞社 2016.9.8.
「1万年前の住居 豊橋市・西側北遺跡で発見」村上 昇 中日新聞社 2017.3.3.

【インターネット資料】

お魚豆知識 5a.biglobe.ne.jp
外食における消費動向 www.rim.or.jp
ガベージニュース garbagenews.net
カレー COM sbcurry.com
魚類図鑑 aqua.stardust31.com
臭い食べ物ランキング 2.ttcn.ne.jp
ぐるなび corporate.gnavi.co.jp
厚生労働省 mhlw.go.jp
さるかに合戦 youtube.com
ジャガイモ博物館 geocities.jp
しょうゆ情報センター soysauce.or.jp
なんでもベスト10 nandenibest10.seesaa.net
日刊水産経済新聞 suikei.co.jp
日本医療機能評価機構 minds.jcqhc.or.jp
農業協同組合新聞 jacom.or.jp
農畜産業振興機構 alic.go.jp
農林水産省（食糧庁）matf.go.jp
マインズガイドラインセンター minds.jcqhc.or.jp
味噌のこと marukome.co.jp
味噌探訪記 misotan.jp
味蕾 ja.m.wikipedi.a.org
麦縄菓子 miwa-somen.jp
村井水産 muraisuisan.com
文部科学省 mext.go.jp
養蚕技術発達史（養蚕の歴史）mmsc.ruralnet.or.jp
養蚕の起源 silk.or.jp
竜王町観光協会 rmc.ne.jp
リムネット nk.rim.or.jp

【ビデオ・CD・DVD映像資料】

マイクロソフト「エンカルタ百科地球儀 2001」.
スタジオジブリ「となりのトトロ」
フジテレビ「生涯眠らなかった男 サイエンスミステリー」
朝日放送「くさいもんの大研究 人類学ウラ講座」
NHK「クサくてうまい食の世界旅」

著者紹介

外山秀一（とやま　しゅういち）

1954年　宮崎県生まれ.
帝京大学山梨文化財研究所 古植物・地理研究室長を経て,
現在，皇學館大学文学部教授.　博士（文学）（立命館大学）.
専門：地理学・環境考古学.

主要業績：『遺跡の環境復原』古今書院
『自然と人間との関係史』古今書院
『ジオとグラフィーの旅 1 環境と人の旅』古今書院
『ジオとグラフィーの旅 2 自然の旅』古今書院
『ジオとグラフィーの旅 3 人の旅』古今書院（以上，単著）
『日本文化のなかの自然と信仰』大神神社（共著）
『古代の環境と考古学』古今書院
『講座 文明と環境 3 農耕の起源』朝倉書店
『縄文文明の発見－驚異の三内丸山遺跡－』ＰＨＰ研究所
『講座 文明と環境 5 文明の危機』朝倉書店
『空から見た古代遺跡と条里』大明堂
『現代の考古学 3 食糧生産社会の考古学』朝倉書店
『韓国古代文化の変遷と交渉』書景文化社
『The Origins of Pottery and Agriculture』Roli Books
『環境考古学ハンドブック』朝倉書店
『地形環境と歴史景観－自然と人間の地理学－』古今書院
『近畿Ⅰ　地図で読む百年』古今書院
『澧縣城頭山』文物出版社
『アジアの歴史地理 1 領域と移動』朝倉書店
『縄文時代の考古学 3 大地と森の中で』同成社
『Water Civilization』Springer
『環境の日本史 2 古代の暮らしと祈り』吉川弘文館
『人間と環境』（ハングル）韓国考古環境研究所（以上，分担執筆）

書　名	ジオとグラフィーの旅　4　衣食住の旅
コード	ISBN978-4-7722-4209-7 C1025
発行日	2018年10月20日　初版第1刷発行
著　者	外 山 秀 一
	©2018 TOYAMA Shuichi
発行者	株式会社古今書院　橋本寿資
印刷者	太平印刷社
発行所	古今書院
	〒101-0062　東京都千代田区神田駿河台2-10
電　話	03-3291-2757
ＦＡＸ	03-3233-0303
ＵＲＬ	http://www.kokon.co.jp/
	検印省略・Printed in Japan